सफ़ीना

सफ़ीना

बिट्टु संधू

रेखांकन

इमरोज़

राजकमल प्रकाशन

ISBN : 978-81-267-1769-9

मूल्य : ₹299

पहला संस्करण : 2009
दूसरा संस्करण : 2010
तीसरा संस्करण : 2019

प्रकाशक : राजकमल प्रकाशन प्रा. लि.
1-बी, नेताजी सुभाष मार्ग, दरियागंज
नई दिल्ली-110 002

शाखाएँ : अशोक राजपथ, साइंस कॉलेज के सामने, पटना-800 006
पहली मंजिल, दरबारी बिल्डिंग, महात्मा गांधी मार्ग, इलाहाबाद-211 001
36 ए, शेक्सपियर सरणी, कोलकाता-700 017

वेबसाइट : www.rajkamalprakashan.com
ई-मेल : info@rajkamalprakashan.com

आवरण व रेखांकन : इमरोज़

मुद्रक : बी.के. ऑफसेट
नवीन शाहदरा, दिल्ली-110 032

SAFEENA
Poems by Bittu Sandhu

हर उस औरत के नाम
जिसने समझा, समझाया
लेकिन उसे कोई समझ न पाया

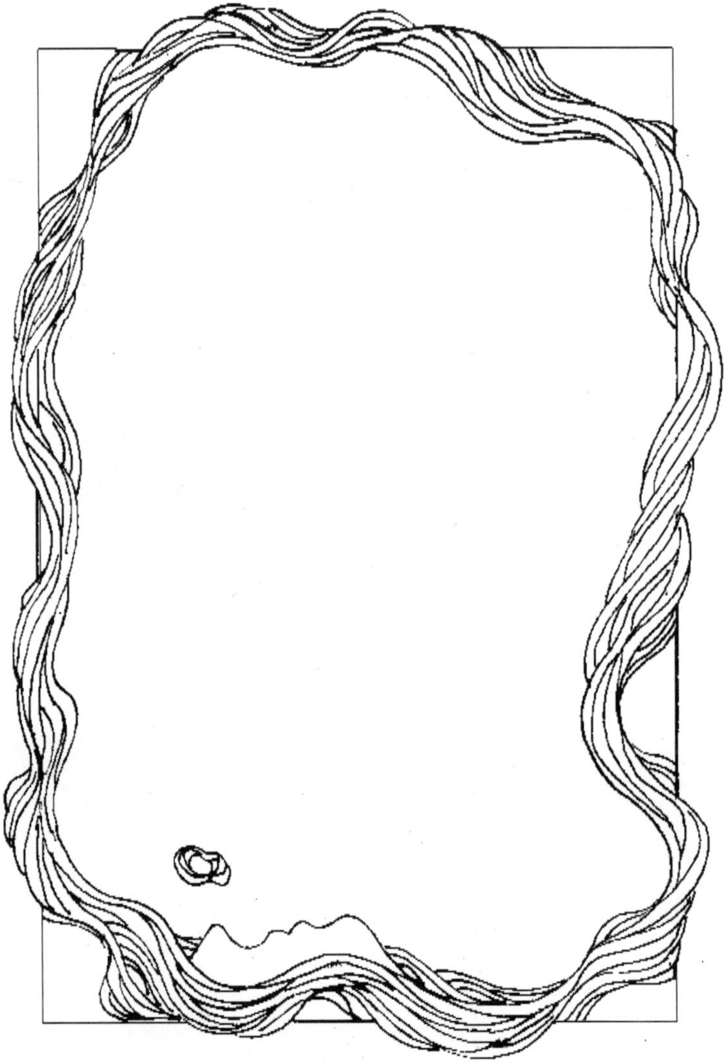

मेरी बात

याद नहीं, मेरा यह सफ़र कब शुरू हुआ। बरसों से लिखती रही हूँ। अक्सर लिख के फाड़ दिया करती। पापा को मैंने कब खोया, या यूँ कहिए कि उन्हें पाया ही नहीं। जब से होश सँभाला, घर में गुरु नानक देव जी की एक बड़ी सी तस्वीर के नीचे एक और तस्वीर टँगी देखी। माँ ने बताया, ये तुम्हारे पापा हैं। इस दर्द का रंग अलग ही है। हाँ, माँ और फिर रानी दीदी को भी मैंने बीस वर्ष की उम्र में खो दिया। इन रिश्तों को समझा भी और भरपूर जिया भी। पर छोटी उम्र में इन्हें खो देने के दर्द को जिस तरह झेला, वे असहनीय और अकहनीय हैं। लगा, भरी दुनिया में तन्हा हो गई। शायद लिखना यहीं से शुरू हुआ। मेरी ज़िन्दगी में भी हर औरत की तरह पति का रिश्ता, बच्चों का रिश्ता बहुत खूबसूरत है। आदत से कंजूस तो नहीं हूँ मगर दर्द कभी किसी से बाँट नहीं पाई। हाँ, यह कोरा काग़ज़ मेरा साथी बरसों से है। मेरी कलम इसके गले यूँ लगती है, जैसे बिछड़े साथी के और ये काग़ज़ कभी माँ की गोद, कभी दोस्त, कभी महबूब का कन्धा हो जाता है। लिखने के बाद ख़ुद को बहुत हलका महसूस करती हूँ।

फिर एक दिन रितु मेरी प्यारी दोस्त बनके मेरी ज़िन्दगी में आई। उसने मेरी काग़ज़ कलम की दोस्ती को समझा और मुझे लिखने के लिए प्रोत्साहित किया। जब भी मेरा लिखा पढ़ती, उदास

होती और कहती, अब तक क्यूँ नहीं लिखा, इसे कोई शक्ल दे, और सफ़ीना के जन्म की नींव रखी गई। यह अलग बात है कि इसे जन्म लेने में नौ महीने नहीं, नौ साल लगे। वह दूर चली गई मगर सफ़ीना का हाल बराबर पूछती रही।

एक दिन अख़बार में इमरोज़ जी की तस्वीर देखकर उनका पता लगाया, और उन्हें मिलने पहुँच गई। जितनी शिद्दत से मैं उन्हें मिलने गई थी, उससे भी ज़्यादा प्यार से वे मुझे मिले। बातचीत के दौरान न जाने कैसे उन्होंने ये पता लगा लिया कि मैं लिखती हूँ। कुछ सुना, फिर जब भी मिलते, अक्सर पूछते कि नया क्या लिखा, सुनाओ। इस तरह होते-होते मेरी 'सफ़ीना' किनारे लग गई और आज आपके सामने है।

यह सपना हक़ीकत न बनता अगर एकता ने मेरा साथ बराबर न दिया होता। उसने कितना समझा इसे, यह नहीं कह सकती मगर मदद बराबर की। यह किताब उसकी मेहनत के बिना मुकम्मल न होती।

–बिट्टु संधू

वो अपनी तरह की है

उसकी हँसी
साफ़ पाक चश्मे
के पानी जैसी है...
वो जब भी हँसती है
उसकी अपनी ख़ूबसूरती भी
बढ़ जाती है...

पर जब वो लिखने बैठती है
पता नहीं उदासी कहाँ से आ जाती है
कमरे में उसके पास आकर
उसके साथ ही बैठ कर
उससे कलम लेकर
अपने आप को ही नज़्म में लिख देती है
वो दर्शक की तरह
चुपचाप देखती रह जाती है...

इस नज़्म को लेकर वो बाहर आ जाती है
आसमान की तरफ़ देखकर
जब वो हँसती है
उसकी अपनी ख़ूबसूरती भी
बढ़ जाती है
और उसकी उदास नज़्म की ख़ूबसूरती भी...

—इमरोज़

वो शायरी की सोहनी है
वो जब भी अपनी कलम से
कोई दरिया पार करती है
सामने उसका प्यार ही
खड़ा मिलता है इन्तज़ार करता
ये इन्तज़ार का प्यार ही
उसका महीवाल है
उसकी सारी नज़्में अक्षर अक्षर
ये ही कह रही हैं।

दो बोल जहे

दो बोल जहे अनभोल जहे कविता दे नाम लिखाँगा।
छलक गए जो डलक गए हंजुआं दे जाम लिखाँगा।
इक दूजे दे भैन भरा ने अथरू अते सिआही।
ओना ते तू आप नहीं रोई जिनी कलम रुआई।
दिल दी सहज अवस्था दा जो सागर मंथन कीता।
किसे दे हिस्से अमृत आया ज़हर किसे ने पीता।
तू सूरज दी गोदी बैठी छां नू माण रही ऐ।
हर ममताई कुख दे विचों माँ नू माण रही ऐ।
सब दे अन्दर वड़ वड़, नबज़ां फड़ फड़ पुछया।
की दुखदा है अड़या।
पर तेरी अख दा अखर सुरमा अजे किसे नहीं पड़या।
बेशक बबा बिट्टु कोई शायराना नाम नहीं है।
पर शायराँ दी दुनिया विच बेगाना नाम नहीं है।
पलेठी सिरजनातमक सोच लई
दुआवाँ–शुभकामनावाँ सहित

–मनजीत मान, गुरदास मान

सफ़ीना

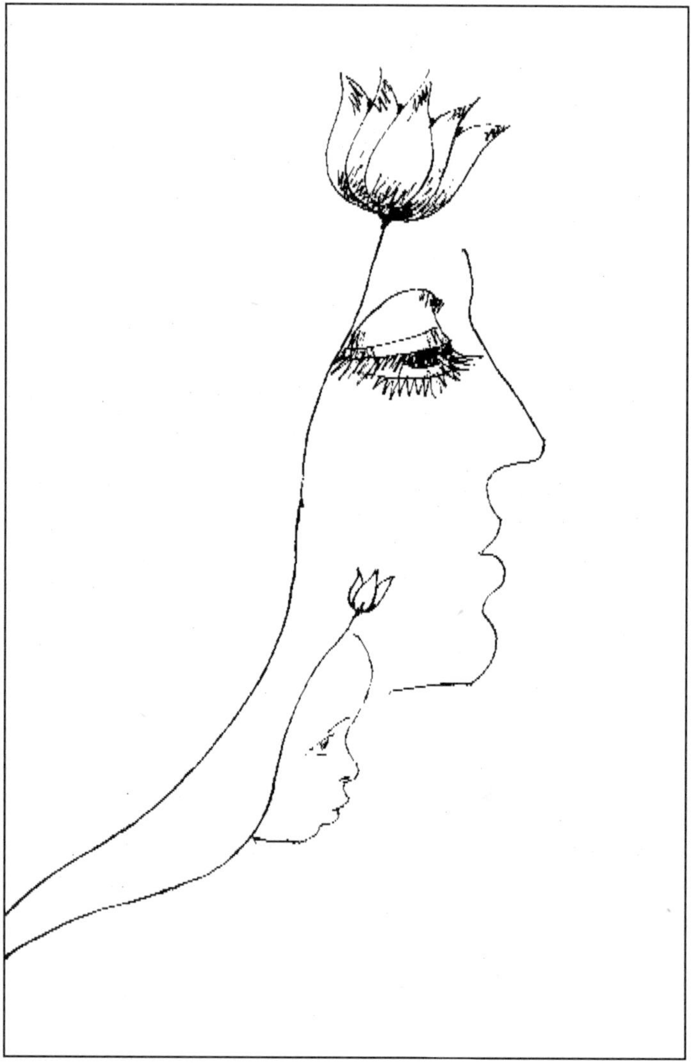

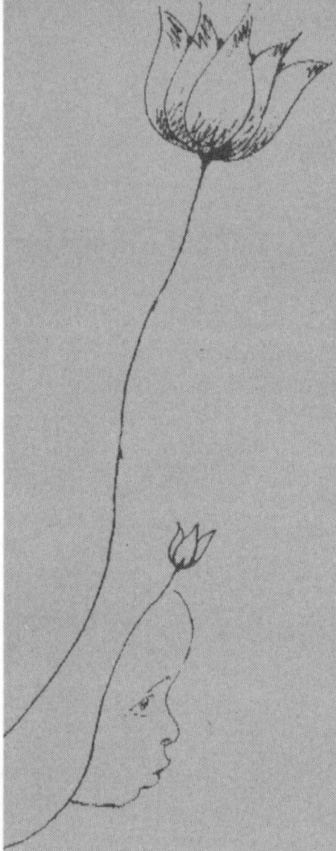

नन्हे पाँव*

नन्हे से ये पाँव, लगा था बसेगा अब गाँव
गाँव से बस्ती बस्ती से शहर
रात जो लम्बी है, होगी ख़ूबसूरत सहर
धरती जो सूखी है, निकलेगी यहाँ इक नहर
उदासी जो बरसों की थी
आएगी अब ख़ुशी की लहर

जागेंगे सपने, बनेंगे वो अपने
ये नन्हे से पाँव, बन जाएँगे
एक आदम कद इंसां
छाएँगी ख़ुशियाँ हँसेगा जहाँ

आँख खुली तो बहुत अँधेरा था
लगा घर के दरवाज़े पे कोई धीरे धीरे सिसक रहा है
डर डर के कानों पे हाथ रखे, तकिये में मुँह छुपाया
चादर खींच के सिर तक तानी
न घर वालों की, न किसी और की बात मानी

सब ने कहा ये तेरा भरम नहीं सच्चाई है
न जाने किसकी बद्दुआ ये रंग लाई है
देखा तो सने थे ख़ून से वो नन्हे पाँव

कहाँ गए मेरे वो सपनों के रंगीन गाँव
चिलकती धूप में तो मैं झुलसी हूँ
कौन ले गया मेरे हिस्से की छाँव।।

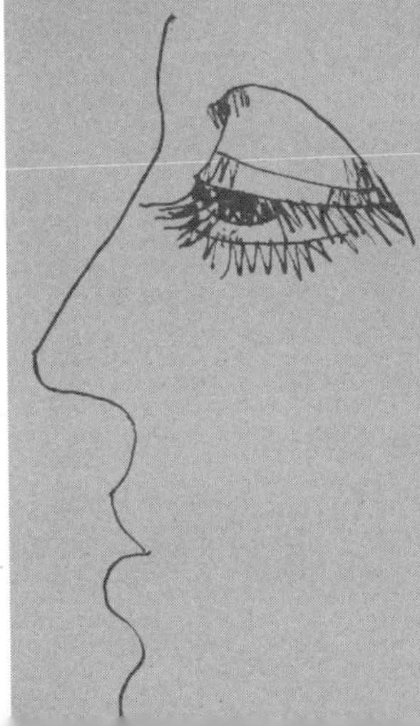

* उन बेटियों के नाम जो जन्म ही नहीं ले पातीं!

गहरी छाप

चाहा जिसे हर पल हर छिन
दोष बताये वो भी गिन गिन
अरमां थम गये अपने आप
आँसू जम गये अपने आप
छोड़ गये इक गहरी छाप
आया हर पल फिर से याद

आई थीं तुम बिन आवाज़
पता नहीं कब हुआ आगाज़
आज फिर बरसा है पानी
मन मेरा फिर तरसा रानी
कौन झुलाये सावन के झूले
याद है सब हम कुछ न भूले

हम थे अकेले बरसों पहले
तूने बहलाया तो हम बहले
जो कुछ कहना है तू कह ले
मन मेरे तू सह ले सह ले!

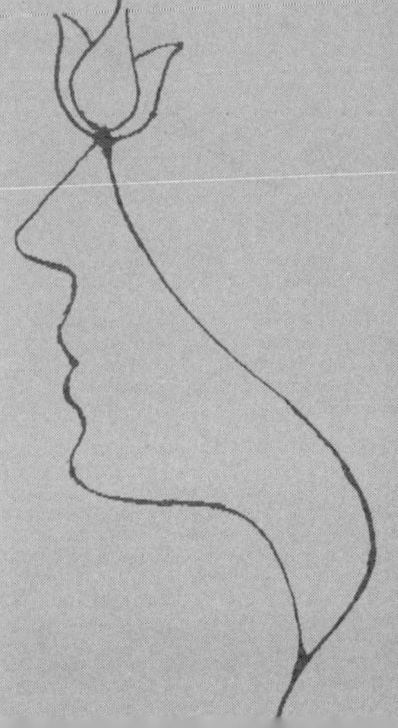

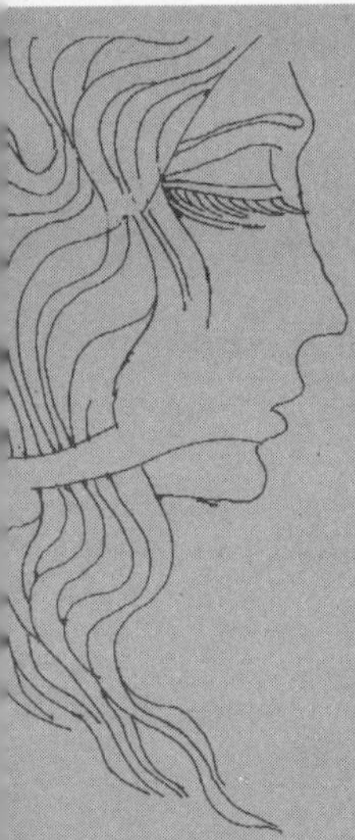

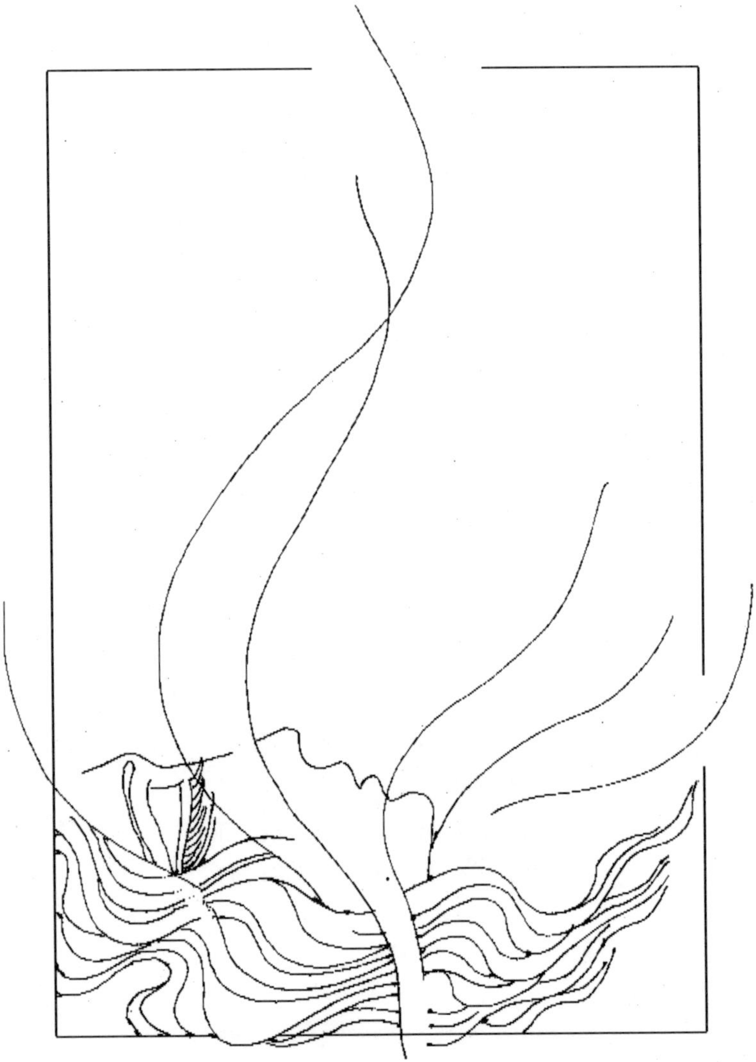

पल पल

जाने क्यूँ चला गया कोई दिखा के सपने पल दो पल
कभी लगे आज कभी लगे बीता हुआ कल
ऐसे हालात में क्या बताऊँ कैसा होगा आने वाला कल
हाथ में आज के, उम्मीद की डोरी है, जो हर पल कहती है बस इक और कल

किसे बताऊँ कि मैं जल रही हूँ यूँ पल पल
किस तरह दिल में बेचैनी की है कल कल
सुबह होते ही कहती हूँ कि जल्दी ढल
न जाने कोई उम्मीद ले आए आने वाला कल

पल पल करते ज़िन्दगी की आई है साँझ ढल
अब तो आ जा कि ज़िन्दगी के हैं ये आख़िरी पल।

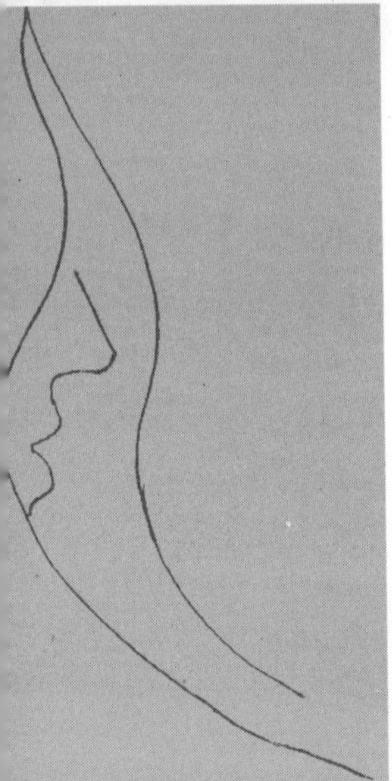

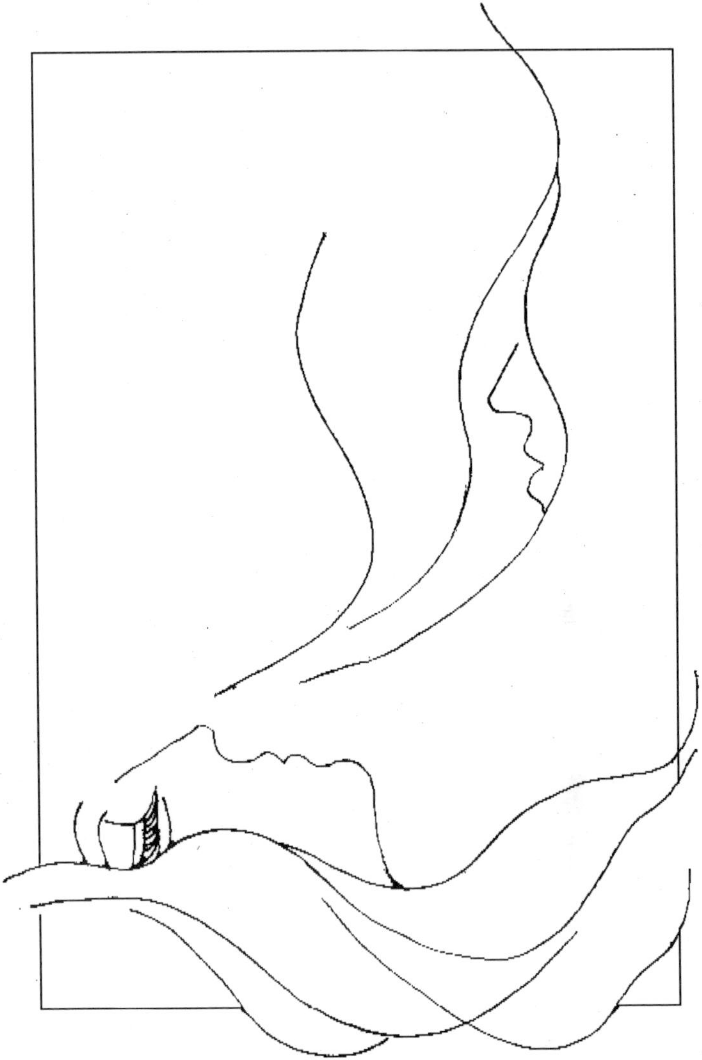

तसव्वुर

जिसे ख़ुद से ज़्यादा प्यार किया
उसी ने ये कैसा मुझपे वार किया
सोचा हफ़्तों, महीनों शायद उसे हो जाए एहसास
उसे न था मेरे जज़्बात मेरी वफ़ा का कोई पास

ज़िन्दगी में जिनकी करें कोई परवाह
वो लोग होते हैं चुनिन्दा, कुछ ख़ास

वादा कर देना उसकी आदत है
इन्तज़ार करना भी अपने आप में इबादत है
हम ये ज़िन्दगी तेरे इन्तज़ार में बिता लेंगे
तू न मिला तो तेरे तसव्वुर के संग भी निबाह लेंगे।

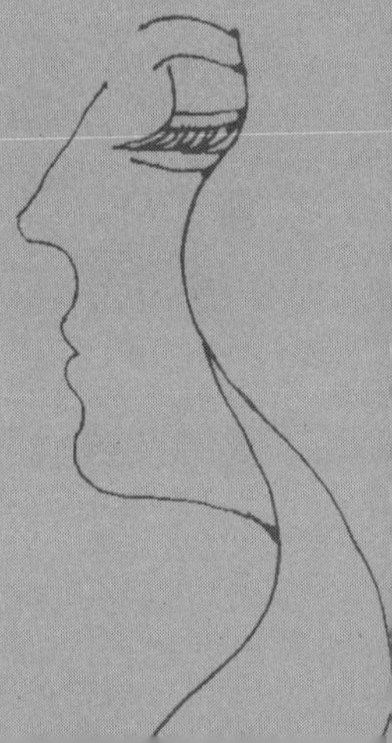

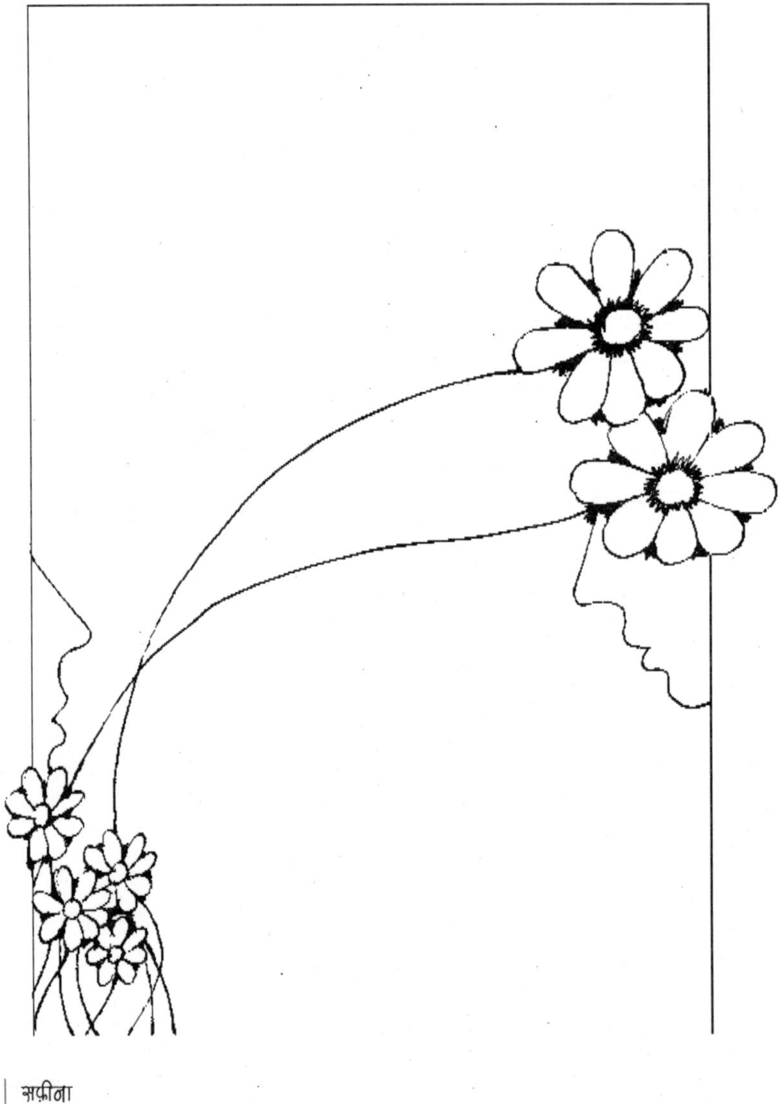

बेचैनी

आज ज़िन्दगी के माने कितने अजीब हो गये
न जाने वो कैसे, दिल के इतने क़रीब हो गये
सताते हैं जी भर के, रुलाते हैं जी भर के
मनाते हैं जी भर के, हँसाते भी हैं जी भर के
मगर ये कैसी ख़्वाहिश है, जिलाती है यूँ मर मर के

जी में आता है, छोड़ दूँ ये जहाँ रहूँ न यहाँ, पल भर के
कभी लगता है, वो समझता है, मुझे तिल तिल में
कभी एहसास होता है, वो समझ रहा है, मुझे मिल मिल के
सब दे दिया, बिना सोचे वादे कर लिये दूजे जहाँ के भी
ऐसा क्या है जो मुझमें लोचे, क्यूँ भटकता है यहाँ भी वहाँ भी

धोखा देना मेरी फ़ितरत नहीं, अपना के छोड़ देना मेरी आदत नहीं,
हवा का झोंका बनना मुझे कुबूल नहीं, मुकम्मल अपनाना उसे भाता नहीं

सवाल समझोगे, तो जवाब भी तुम दे पाओगे, वरना
न मुझमें सिमटोगे न तन्हा ही रह पाओगे
तड़पोगे हमेशा ख़ुद यूँ ही, मुझको भी तुम तड़पाओगे
बेचैनी के इस आलम में तुम ख़ुद भी चैन क्या पाओगे।

नया मोड़

आज बरस बीत गया
हम पूरा बरस बरसे
एक पल चैन न मिला
हम पल पल तरसे

तू जो बनाना चाहे
हमसे वही छुड़ाना चाहे
हम जो कहें, वो सब ग़लत
तुम जो कहो, जो चाहो, वही सही
हम जो करें, वही बेनाम
न जाने क्या होगा, इसका अंजाम
जो था कभी अपना, उसे छोड़ आई
ज़िन्दगी आज, क्या नया मोड़ लाई

रास्ता मालूम नहीं, पाँव भी थक गये
डाली के फल की तरह, बाल भी पक गये
जिसके साथ हूँ, मालूम नहीं मंज़िल उसकी
ख़ुद से मायूस हूँ, दूर है साहिल मेरा
गले लग के या लगा के ज़ार ज़ार रोना चाहूँ
आँख बन्द करके घड़ी भर को मैं सोना चाहूँ
खुले जब आँख तो इक साफ सवेरा हो
सिर्फ़ ख़्वाबों में नहीं हक़ीकत में वो मेरा हो।

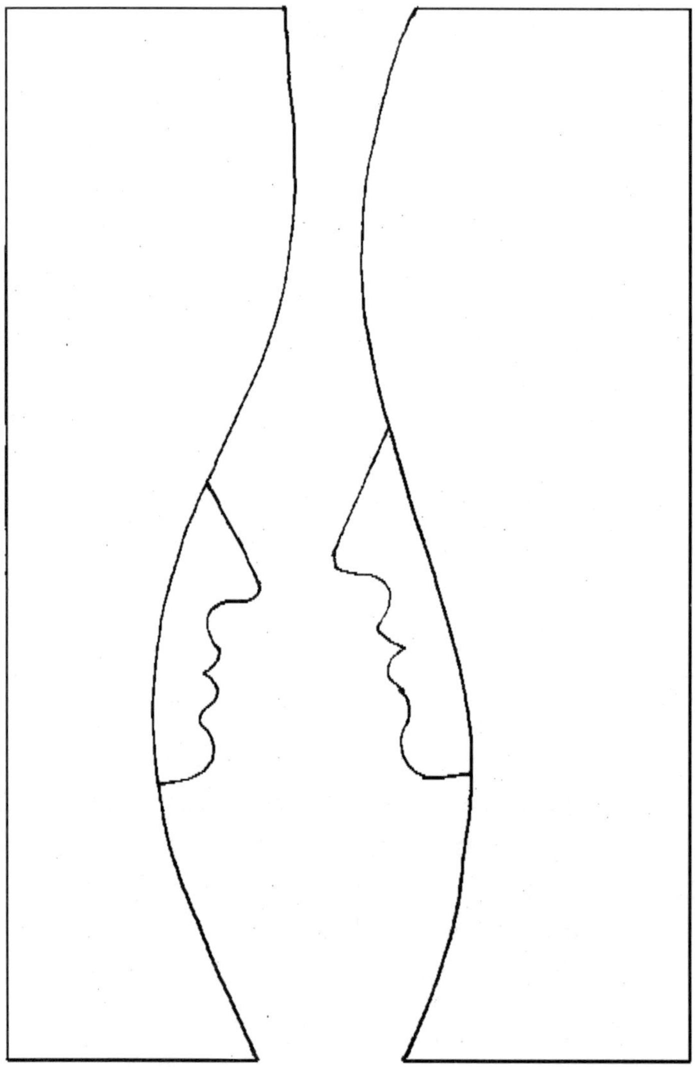

मेरी इबादत

जानती हूँ, मैं तेरी कोई नहीं
फिर भी, हर रात तुझे सोचा मैं सोई नहीं
जानती हूँ तुझे मेरी परवाह नहीं
पर मेरे लिए, बना कोई दूजा राह नहीं

लोग कहते हैं, इस प्यार का क्या फ़ायदा
ये मेरी इबादत है, न की तेरा किया एक और वादा

जानती हूँ मसरूफ़ है तू लोगों की वाह वाह में
लुत्फ़ मुझे भी आता है, अपनी हर आह में

यक़ीं है मुझे वक़्त इक दिन बदल जाएगा
कह नहीं सकती, कहाँ खड़ी मिलूँ किस हाल में
जब तक तू लौट के आएगा।

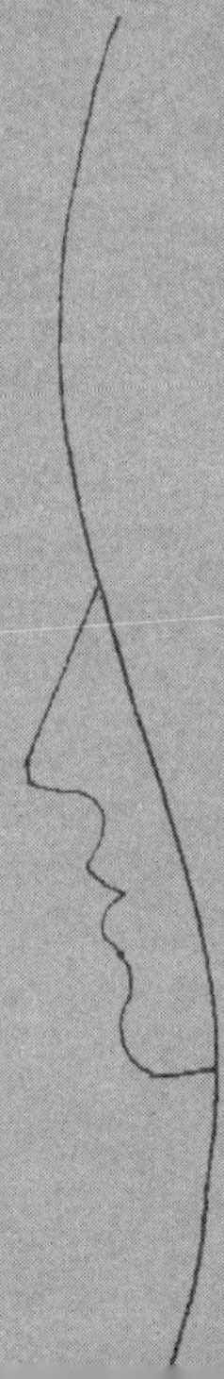

लफ़्ज़ों के तीर

लोग कहते हैं कि तू ज़ुबां का कड़वा
मगर मन का सच्चा है
दिखता तो है बड़ा, मगर आदतों से अभी बच्चा है
जी में आता है जो कह देता है
शायद तेरा कोई अपना है जो सह लेता है

कब समझेगा तू मन की बात मोहब्बत से कहना
आसां नहीं है, लफ़्ज़ों के ये तीर सहना
दिल में गर प्यार है, तो संजीदगी से कहना होगा
कह लेता है जब सब, तो कुछ सहना भी होगा

छाये हैं जो बादल तो कभी बरसें
साथ हैं आज तो कल शाय
प्यार जो सच्चा है तो अंजा
धुल जाएगी सारी कड़वाहट, जब
प्यार का मेंह बरसता होगा।

संगीतमय लम्हा

सोचती हूँ ये सब कैसे कहा तूने
न जाने ये सब कैसे सहा मैंने
तूने कहा मैंने सहा
जानते हो क्यूँ?
एक पतली तार सा हलकी सी छोह से
काँपता सा एक संगीतमय लम्हा है हमारे बीच
जिसका नाम मोहब्बत है।

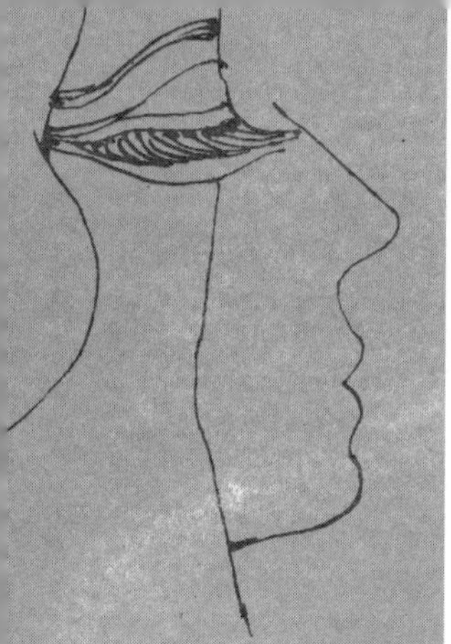

हाथों की लकीरें

ये हाथों की टेढ़ी-मेढ़ी लकीरें
बनती बिगड़ती हैं इन्हीं से तक़दीरें
जीने का सबब बनाती हैं ये
कभी जीने को बोझ बनाती हैं ये
सारा खेल इन्हीं लकीरों का है
भेद छुपा इनमें तक़दीरों का है

एक कर्ज़, जो मुझे याद नहीं, कब लिया था मैंने
उम्र गुज़र गई उसे चुकाते चुकाते
असल की क्या बात करूँ, सूद भी न दे पाई
कमर झुक गई पर फिर भी, पूरी पड़ी न मेरी कमाई

धुँधली पड़ गईं, मेरे हाथों की लकीरें
पर बदल ना सकीं हमारी तक़दीरें
मैं लाख करूँ तदबीरें
नहीं बदलतीं ये टेड़ी-मेढ़ी लकीरें।

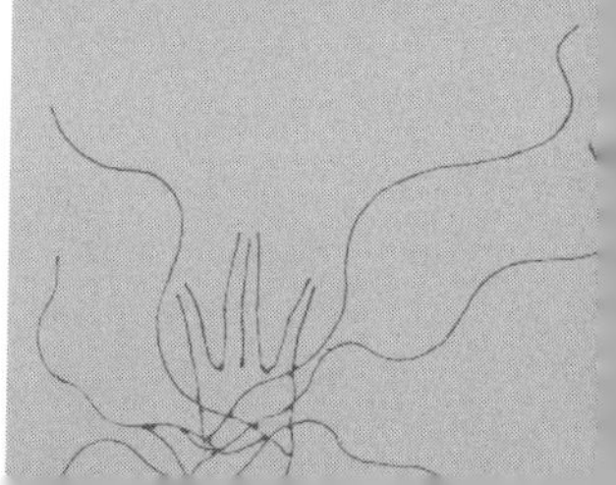

अधूरापन

चिराग़ के तले अँधेरा होता है
रात डूबे तो सवेरा होता है
किसी ने कहा, रोशनी रोशनी है तेरा साथ
तभी तो अँधेरा अँधेरा आया है मेरे हाथ

चल पड़ूँ मैं, गर तन्हा किसी डगर
पीछे न मुड़ के देखूँ मैं अगर
कैसा होगा, मेरा वो तन्हाई का सफ़र

ज़िन्दगी के सफ़र में हमसफ़र ज़रूरी है
पर कब कहाँ होती सबकी ये ख़्वाहिश पूरी है।

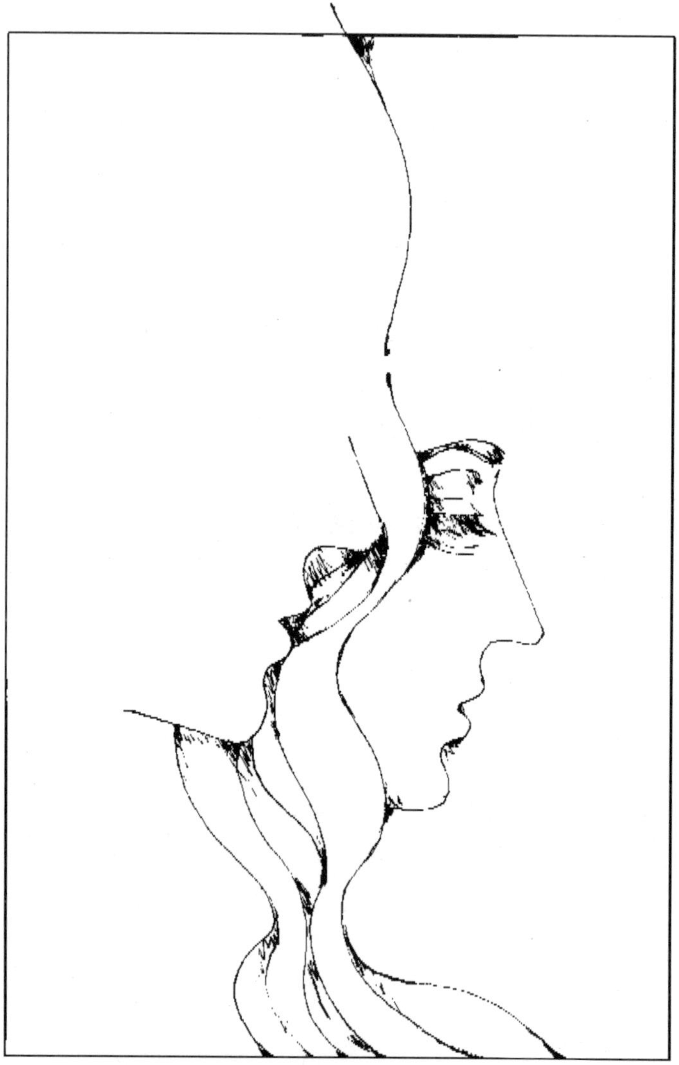

साथी

कहाँ है रास्ता सीधा, कहाँ जाएँगे हम
वक़्त की तेज़ आँधियों में, उलझ के रह जाएँगे हम
गर मोहब्बत दिल में है, तो आओ प्यार करें
इक दूजे के बिन जी नहीं सकते, तो इकरार करें

प्यार के बहुत रूप हैं मिलने के लिए
कभी छाँव, कभी धूप है चलने के लिए
रहेंगे साथ साथ, हर मुश्किल से लड़ेंगे हम
चलेंगे हाथ में ले हाथ, न तन्हा पड़ेंगे हम

नन्ही कलियों को सवेरा तो हमें देना होगा
जन्मा है इन्हें तो अंजाम भी देना होगा
हँस के चल साथ मेरे, साथी बन के
कट नहीं सकता ये सफ़र अहं में यूँ तन के

छोड़ दे सोचना, कि अब क्या तेरा या मेरा होगा
ढलना है रात को ज़रूर सवेरा होगा
कभी न कभी हमारी भी तो सुनेगा वो रब
जो चाहा है हमने वो भी सच होगा सब।

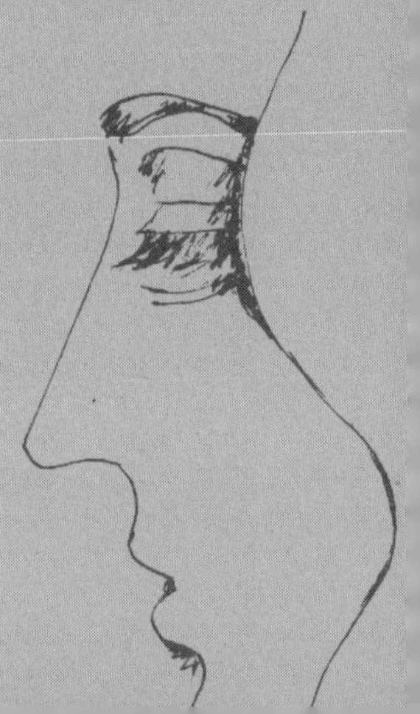

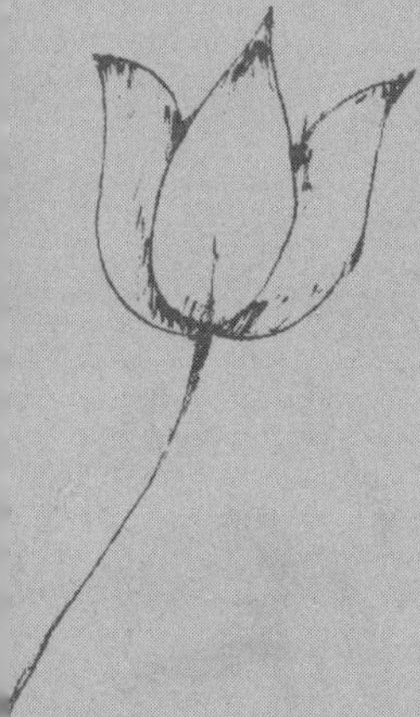

सूरज

सूरज का सिंदूरी टीका
शाम ढले तो हो जाए फीका
धरती की मोहब्बत के लिए
आकाश छोड़ के आ जाए नीचा
घरती भी तो कितना तरसी
दिन भर उसपे धूप भी बरसी
फिर भी रही बाँहें फैलाये
शाम ढले सूरज घर आये
शाम ढले सूरज घर आये।

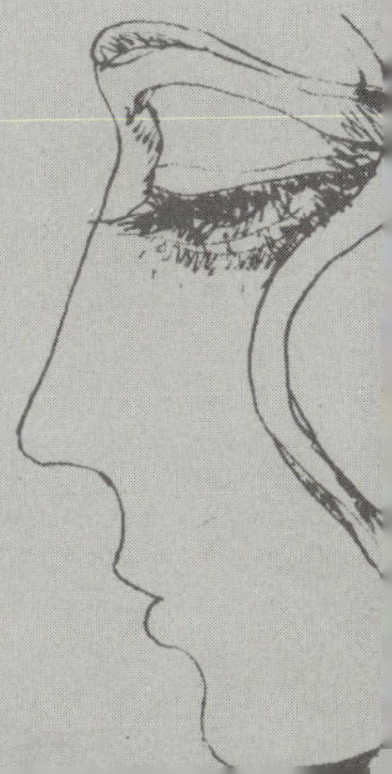

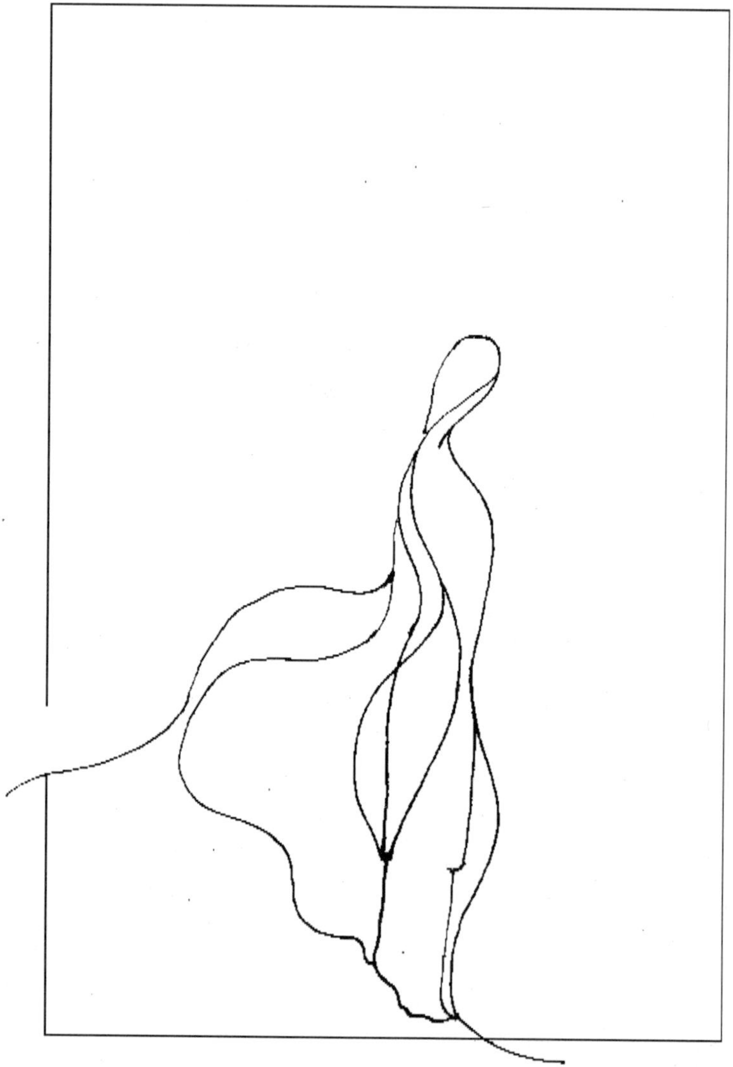

तेरे बिन

सूरज का सिंदूरी टीका
हो चला, फिर सुर्ख़ लाल
जब तू नहीं साथ तो क्या है मेरा हाल
लोग कहें दिन महीने मुझे लगे सालों साल
तेरे बिन हम बिखर रहे हैं
आ के अब तू इस हम को सँभाल।

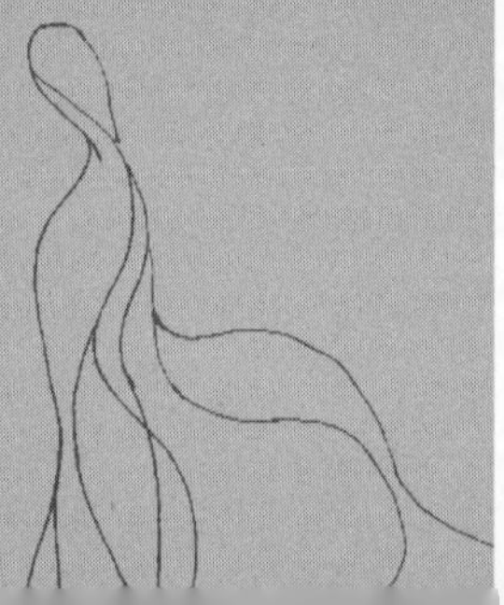

लम्हे

एक जुमले से ख़रीद लिया तुमने मेरे वजूद को
तभी तो दर्द का एहसास न हुआ मेरे हज़ूर को
अज़ल से चाहा तुम्हें सोचा तुम्हें
मगर चेहरा न दे सकी
तुमने ख़ुद को सामने ला कर खड़ा कर दिया
और तारूफ़ भी करा दिया

मरासिम होने लगे ज़रा, तो दामन छुड़ा लिया
इनकार भी नहीं करते इज़हार से भी गुरेज़ है
न मिलूँ गर, तो आवाज़ लगाने से भी परहेज़ है

हो जाएँ रूबरू तो सिमट जाने को जी चाहे
लगता है एक दिन मिल जाएँगी हमारी राहें
ख़्वाब तुम्हारा था हक़ीकत मेरी हो गया
लम्हों में जनमों का सफ़र तय हो गया।

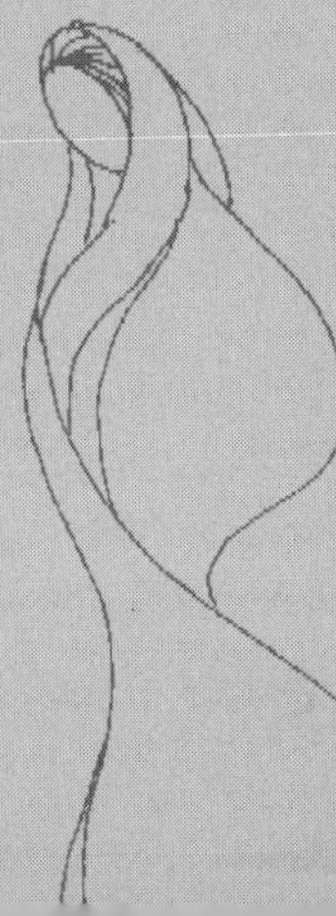

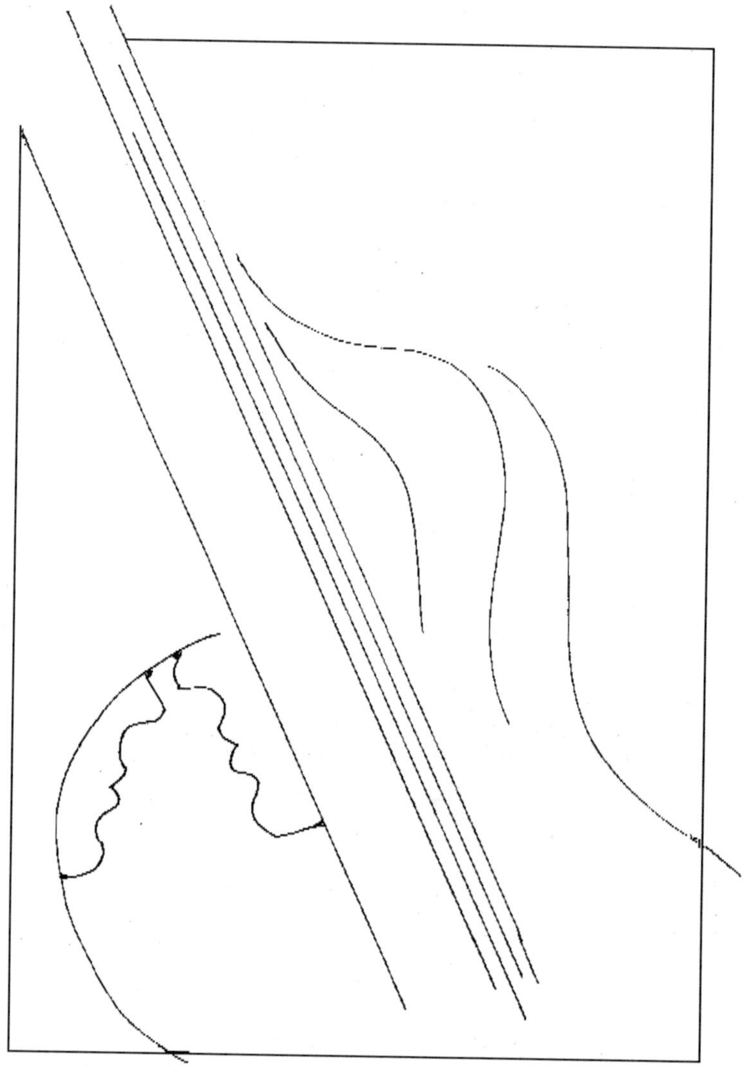

फ़ासले

शायद मेरी मुश्किल, आसां करना चाहता था तू
लेकिन मैंने उसे तेरी ही उलझन बना दिया
अब सोचती हूँ तो ख़ुद को कोसती हूँ
ये मैंने क्या किया

अब कुछ नहीं कर सकती सिवा रोने के
रात गँवा नहीं सकती सिर्फ सोने में
आज तक समझती रही, रिश्ता दिल से होना काफ़ी है
हालात कहते हैं ये तो दुनिया की नज़र में सिर्फ़ माफ़ी है

बात आज की गुड़िया की हो, या किसी सफ़ीना की
सवाल कल भी थे आज भी हैं बेशुमार
कल की तरह फ़ासले आज भी हैं बरकरार

कौन करेगा तय तपते फ़ासलों का सफ़र
कौन लाएगा काली रात की उजली सहर
फ़ासला कदमों का हो या मीलों का
चुभता है नंगे पाँव में कीलों सा।

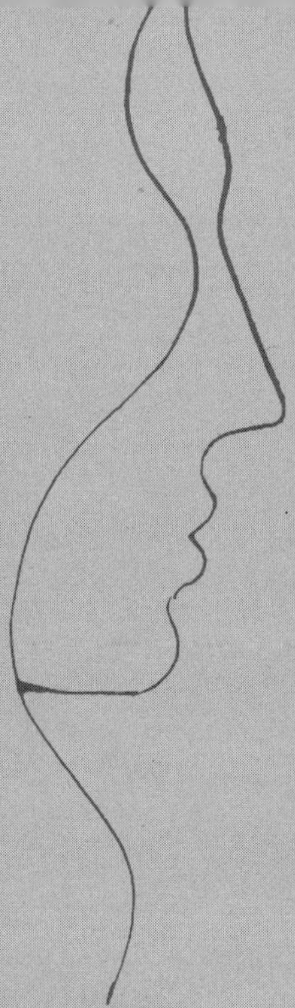

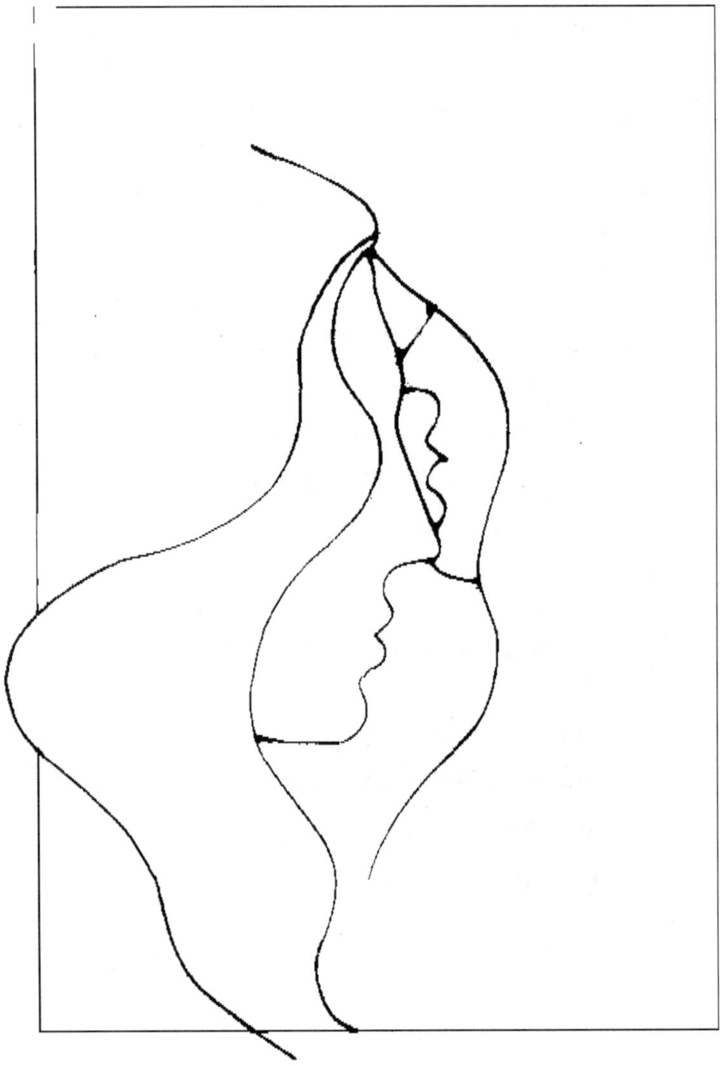

रिश्ते

आज जब देखा तो रिश्तों का सारा रंग मेरे हाथों पे था
ये हाथों का है मुक़द्दर या रंग ही कच्चा था
जब दिया था तूने, तब तो लगता सच्चा था

कहा था तूने, लगा रहेगा यूँही, उम्र भर आना जाना
क्या असल में मतलब था, सिर्फ़ बहलाना

ज़ख़्मों को भरने के लिए, मरहम भी ज़रूरी है
होता नहीं मुमकिन, इन्सां के लिए, ताउम्र उन्हें सहलाना।

सब्र

मैं तुझे याद नहीं करती
क्यूँकि तुझे भूल ही नहीं पाती

याद करने के लिए भूलना ज़रूरी है
दूर होने के लिए पास होना ज़रूरी है

कभी क़रीब थे हम आज दूरी है
गुज़र जाएँ ये दिन, सब्र से, ये हम दोनों के लिए ज़रूरी है।

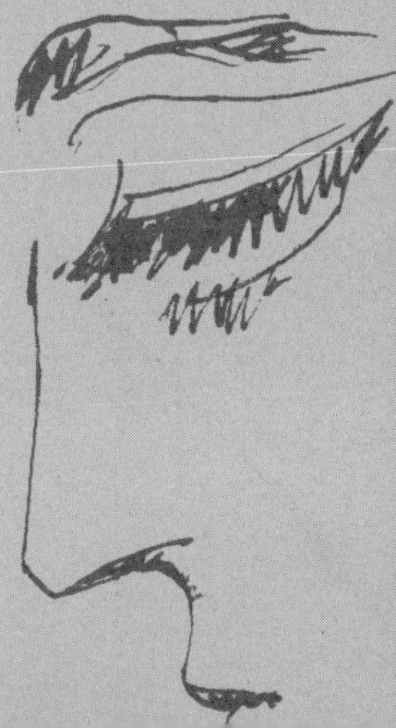

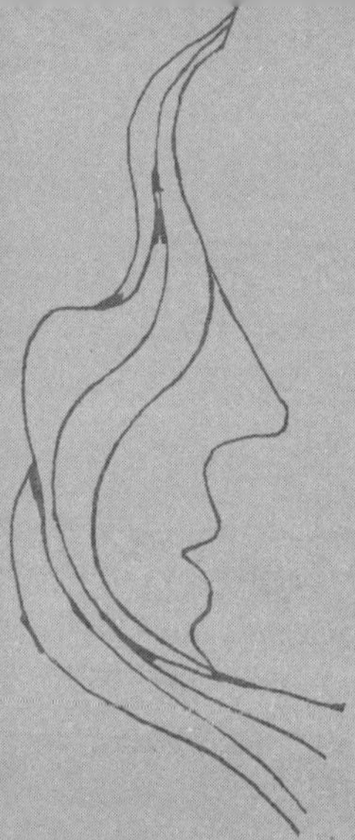

प्यार बस प्यार है

प्यार रूह का एहसास है
जिस्मों का साथ नहीं
दिल की धड़कन है
हाथों में हाथ नहीं
प्यार सहना है
कहना नहीं
एक जज़्बा है
कोई कब्ज़ा नहीं
प्यार हार या जीत नहीं
कर के जताना, इसकी रीत नहीं
आँख की शर्म है ये
दिखावे का कर्म नहीं
उम्र का इन्तज़ार है
पल भर का इकरार नहीं
प्यार इबादत है
इजाज़त नहीं
बरसों की साधना है
साँसों से की आराधना है
प्यार खोना है सिर्फ़ पाना नहीं
प्यार धरती है आसमाँ नहीं
प्यार सिर्फ़ एक ऊँची उड़ान नहीं
प्यार सब्र है जब्र नहीं
प्यार प्यार है
इनकार या इज़हार नहीं।

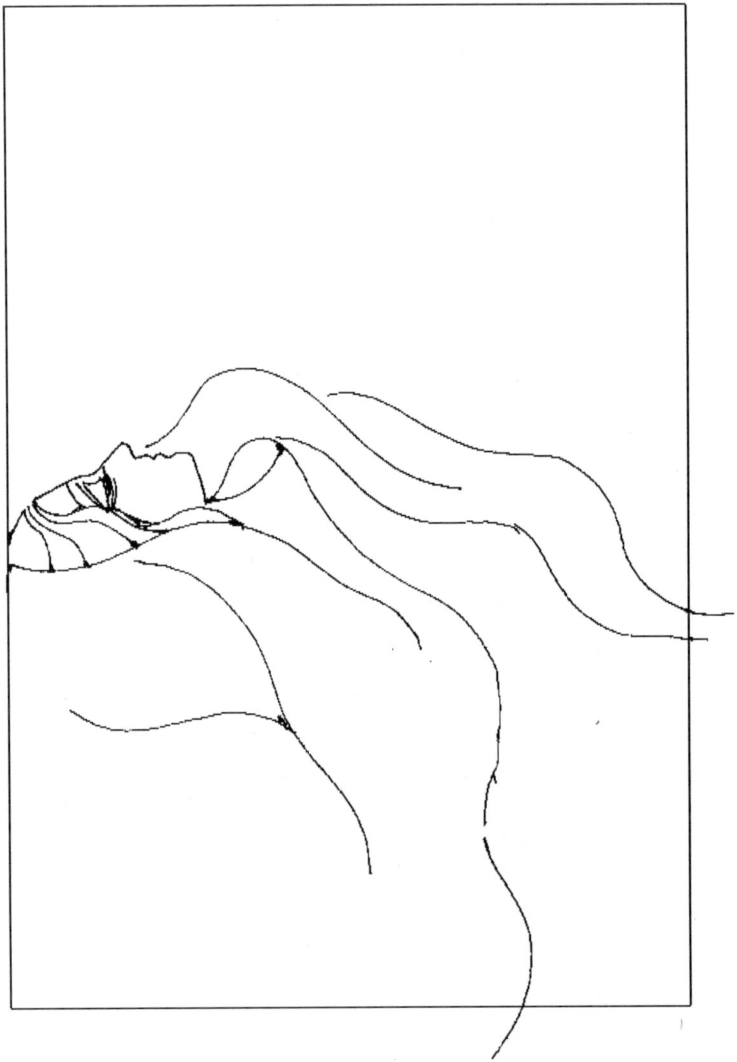

कई दिनों से

उसकी नज़र में, मैं शायद नहीं कोई
दिल में उतरता जाता है, फिर भी कोई

हँस के कहा था उसने तो
मैं तो सच में, रात तीन के बाद नहीं सोई

ये कैसी बात है, जो हो के भी नहीं होती
ये कैसी रात है जो ख़त्म ही नहीं होती
ये दिल की ख़लिश क्यूँ, कम किसी तरह नहीं होती

जान ले लेगी मेरी तेरी बेरुखी मुझसे
लोग हैरां तो होंगे न कोई पूछेगा तुझसे।

फिर भी

अच्छा हुआ आज हम नहीं मिले
हो जाते बेवजह कुछ शिकवे गिले

पर तेरे सलूक ने तो चौंका दिया मुझको
फिर से ज़ार ज़ार रोने का मौका दिया मुझको

कोई क्यूँ चाहता है, उसी एक को बार बार
क्यूँ होता है दिल उसी शख़्स के लिए बेकरार

जिसे है ही नहीं मेरे जीने से कोई सरोकार
उसके लिए मिलना बिछड़ना भी है एक कारोबार

आज जाना कि तुम्हें कोई परवाह नहीं मेरी
फिर भी अटकी रहती है तुम्हीं से हर ख़ुशी मेरी

जीती रही हूँ हमेशा से सिर्फ़ मिलने को तेरे
मुद्दत बाद मिला है तो कुछ तो समझ दिल को मेरे।

ख़ामोशी

मेरा हुआ न रोज़ा भी कबूल
बन गया कैसे हर फूल बबूल
सब सुनाते हैं ज़ोरों से मेरी सज़ा
क्या इसी में है ऐ ख़ुदा तेरी भी रज़ा

पर बताए तो सही कोई मुझे ख़ता मेरी
कर दूँ ये ज़िन्दगी भी क़दमों में अता तेरी
जानलेवा है ये तेरी ख़ामोशी
बिन बताए तो न ठहरा मुझे यूँ दोषी।

नज़र की ख़ता

रिश्ता बनाना बेहद आसान होता है
इसमें सिर्फ़ नज़र का काम होता है
ये नज़र की ख़ता ताउम्र रुलाती है
निगाहों के क़ुसूर की सज़ा, बेचारे दिल को मिल जाती है

क्या ज़माना था जब बोलती थी तुमसे बेबाक
क्या हुआ अब तुझे देखते ही, ज़ुबां सिल जाती है
पल भर के सुकूँ के लिए तमाम उम्र बेचैन कर ली मैंने
न जाने किस घड़ी ख़ुद से दुश्मनी कर ली मैंने।

हाल-ए-दिल

कहता है मेरे उसके बीच, ऐसा कोई रिश्ता नहीं
ख़ुद को भी यक़ीं दिला रहा है, शायद
हो न हो यही वजह है, अब मिलता भी नहीं
सामने आता नहीं, दिल से वो जाता भी नहीं

सामना गर हो जाए क़िस्मत से कहीं
तो उसका चेहरा हर शिकवा भुला देता है
बोले बग़ैर भी, क्या क्या वो कह देता है
बातें तो होतीं नहीं, नज़रों से दुआ देता है

ये बात और है उसकी हर कही, अनकही को हम इकरार मान लेते हैं
याद करके हम पुरानी बातें यूँ ही ख़ुद को बेकरार कर लेते हैं
ख़ुद को यूँ परेशां करना आसां नहीं होता
किसे कहें ये दर्द, पास कोई दूसरा नहीं होता

पूछते तो हैं ये राज़ अकसर लोग हमसे
मगर ऐ दोस्त, दिल का हाल हर किसी के आगे तो बयां नहीं होता।

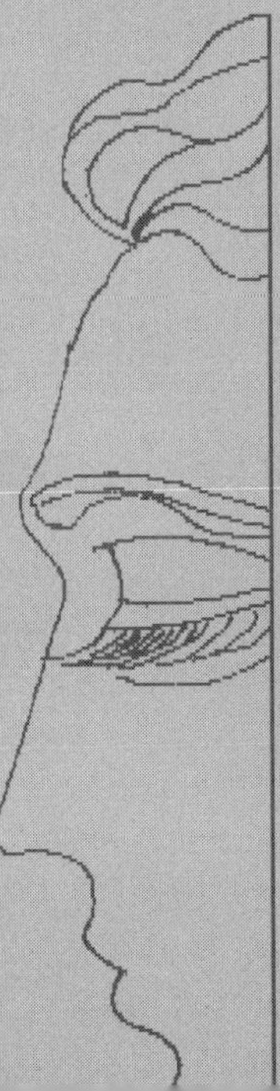

भ्रम

जाने वो कैसे, सब दिल में रख के हँस लेता है
ख़ुद बेचैनी पाल के सबको चैन देता है

हर बार मुझे लगा कि सिर्फ़ मैं झेलती हूँ
मैं क्यूँ, अपने अरमानों से यूँ खेलती हूँ
दंग रह जाती हूँ जब वो लफ़्ज़ बालफ़्ज़ बयां करता है
क्या कहूँ उस लम्हा, वो मेरे दिल का क्या हाल करता है

सब जान जाता है, वो पढ़ लेता है, दिल ज़हन मेरा
सब सहता है, बस कहता नहीं कि जानता है दुख मेरा

इक बार कभी खुल के इज़हार तो कर
चटकने दे कलियाँ मेरी उम्मीदों की, यूँ बेरुख़ी के मुझपे वार न कर
सिवा उम्मीद के यूँ भी मेरे पास क्या रखा है
तोड़ न मेरा भ्रम जो जनमों से बना रखा है।

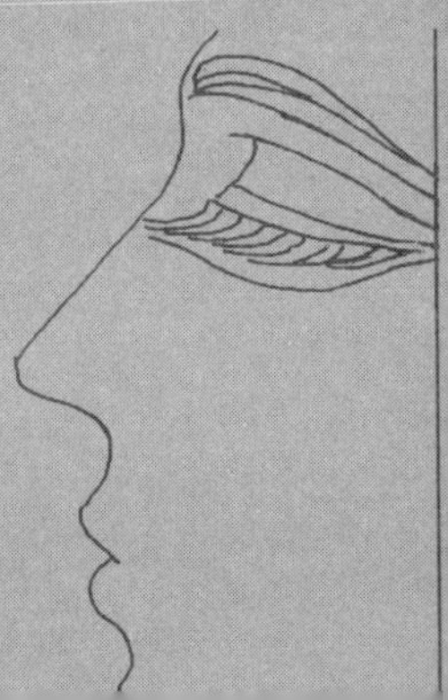

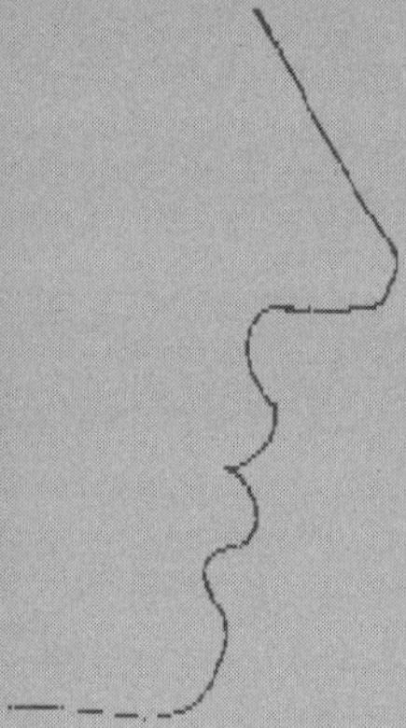

ख़ुशनसीबी

मेरी आँखों को क्या रंग दिया तूने
मेरे मोम से दिल का, कोई हिस्सा संग किया तूने
ख़ुद को तो सँभाल लिया तुमने, तुम्हें ये हुनर भी आता है
दर्द दे दिया उसे, जो तुम्हें आज भी भाता है

बात करते थे कभी तुम हमसे शामों सहर
मसरूफ़ रहने लगे अब तो तुम आठों पहर

बदला तुमने ये चलन, मजबूरी में या है तुम्हारी फ़ितरत
टूट रहे हैं हम पल पल ये हमारी क़िस्मत
ख़ुदा करे तुम्हें कोई तुम सा न मिले,
भूल जाओगे यूँ इतराना जिस दिन किये सलूक वापिस मिले।

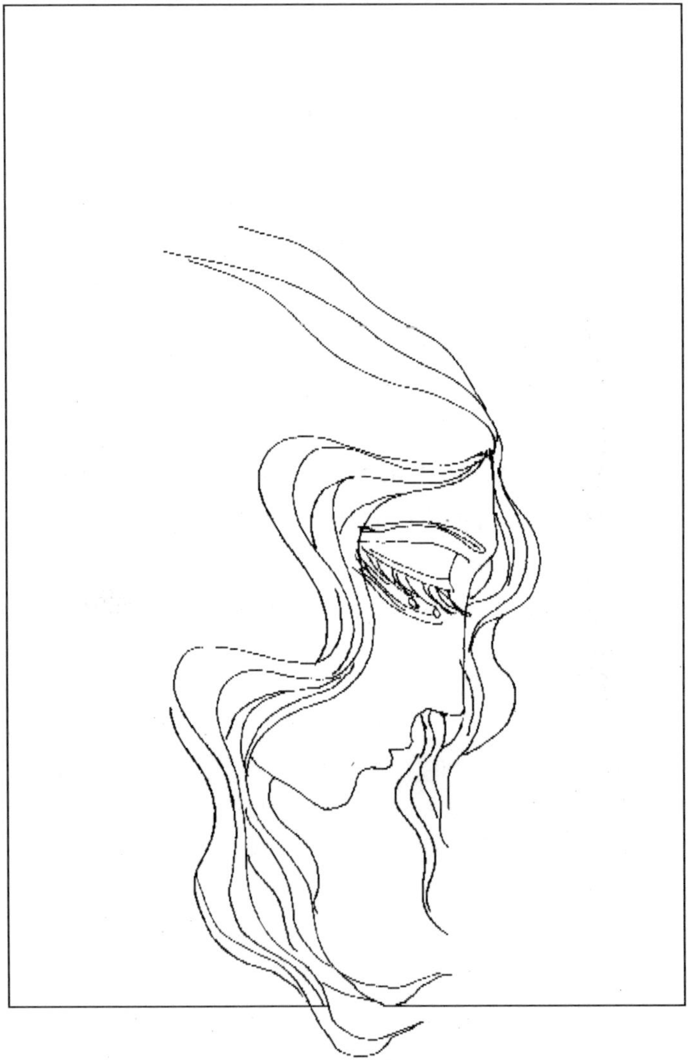

सौगात

किसी ने पूछा ये क्या है तेरी आँखों में तैरता सा
हँस के बोली ये क़िस्मत से मिली सौगात है

रखना है उसे आँखों में इस लिए अशक ज़रूरी हैं
ये पाला हुआ शौक़ नहीं दिल की मजबूरी है
अशक ढलकने नहीं देती, बह जाए न आँख से वो मेरा अपना

क्या हुआ अंजाम नहीं वो दे पाया
मेरा तो रहेगा सदा बन के वो इक हसीं सपना।

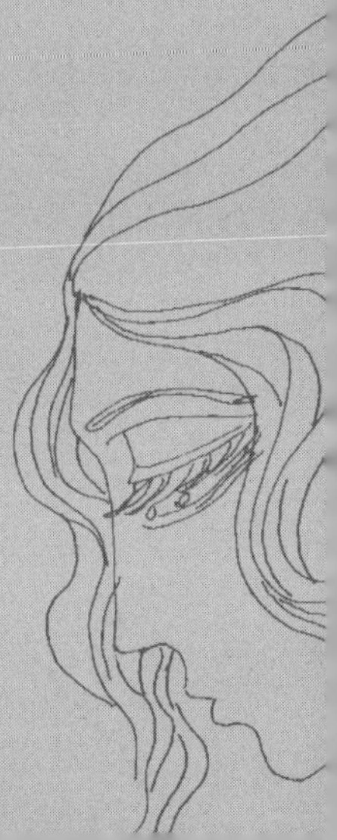

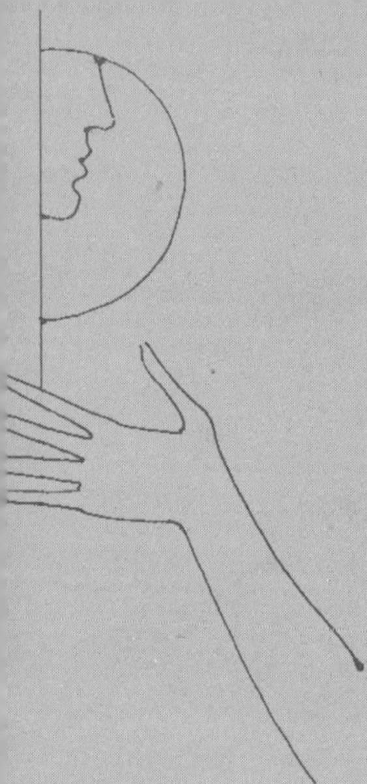

बेबसी

दिल नहीं मानता, फिर मेरा कहना
सीख लिया फिर इसने नया दर्द सहना

लाख समझाया इसे नहीं माना
सुनता नहीं कोई ये मेरा बहाना

क्या करूँ कैसे कहूँ उसको
आता नहीं मुझे उसको मनाना
रोक नहीं पाती मैं उसका जाना

सज़ा मिली मुझे हर बार ख़ता जाने बग़ैर
कल था अपना जो आज हो गया है वो ग़ैर

माँगती हूँ रब से पल पल उसकी ख़ैर
मुझे तो लगता है आज भी अपना
पर मैं उसके लिए बन गई हूँ ग़ैर।

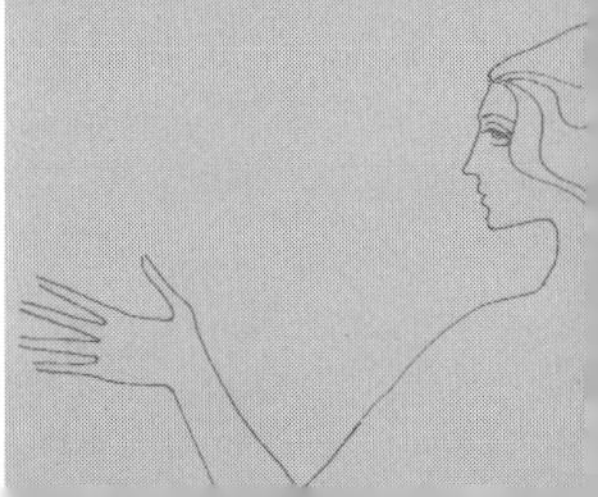

पहला छल

रोया वो भी होगा, जिसने रुलाया है यूँ ज़ार ज़ार
वरना आता न यूँ ख़्यालों में वो बार बार

याद तो आते होंगे, उसे भी वो गुज़रे हुए पल
दफ़न किया उसने आने वाले कल के लिए गुज़रा हुआ कल

आज भी हो जाएगा कल, बीता हुआ कल
इस कल कल के खेल में, उसने किया इतना बड़ा छल
शायद किया होगा ख़ुद से, उसने ये पहला छल

मैं कहाँ जाऊँ कि निकल नहीं पाती उस कल से
भुला नहीं पाती क्यूँ वो गुज़रे हुए पल

बना के ख़ज़ाना उन गुज़रे हुए पलों को
बिठाया है पहरे पे आँसुओं की बूँदों को

भर भर आती हैं आँखें छलकने नहीं देती
शायद मैं ही उन यादों को दिल से पलटने नहीं देती।

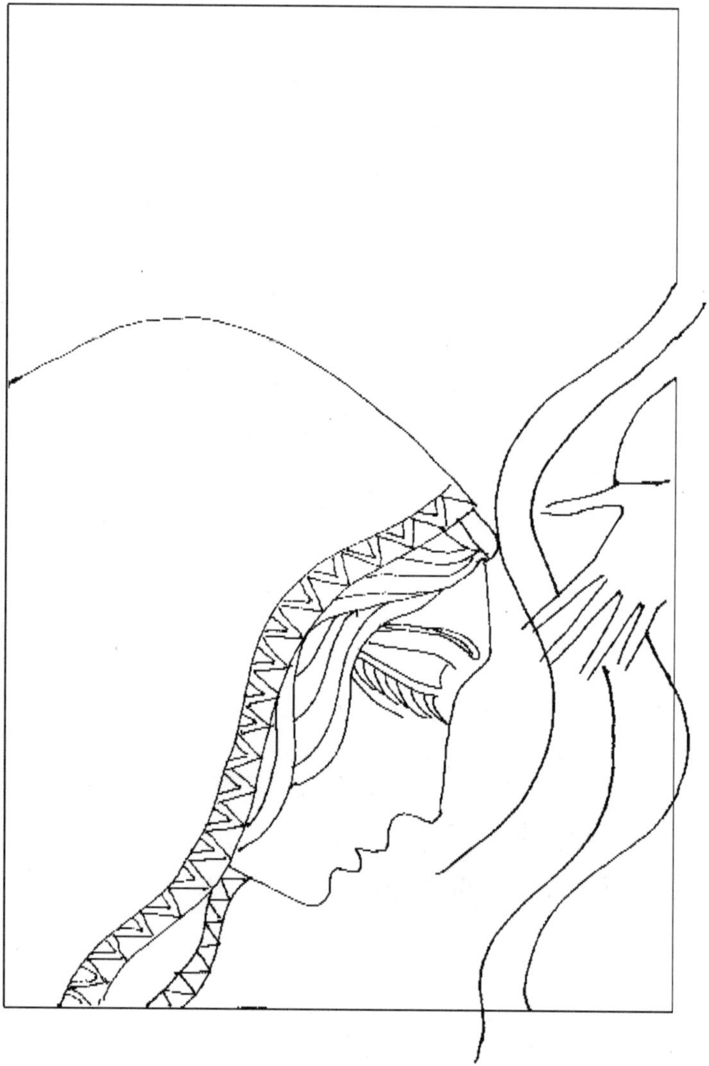

तसलीम

क्या बताएँ क्या सुनाएँ तुम्हें
मोहब्बत के सफ़र की बातें
तन्हा थे दिन तन्हा थीं रातें

वादा था उसका चाँद बनके आने का
हाथ आईं मेरे मगर स्याह रातें

कौन जाने हमसे कहाँ भूल हुई
कैसे खिलने से पहले हर कली शूल हुई

कभी होती थी, नज़रअन्दाज़ ख़ताएँ हमारी
आज ये आलम है, कि तसलीम भी न कबूल हुई।

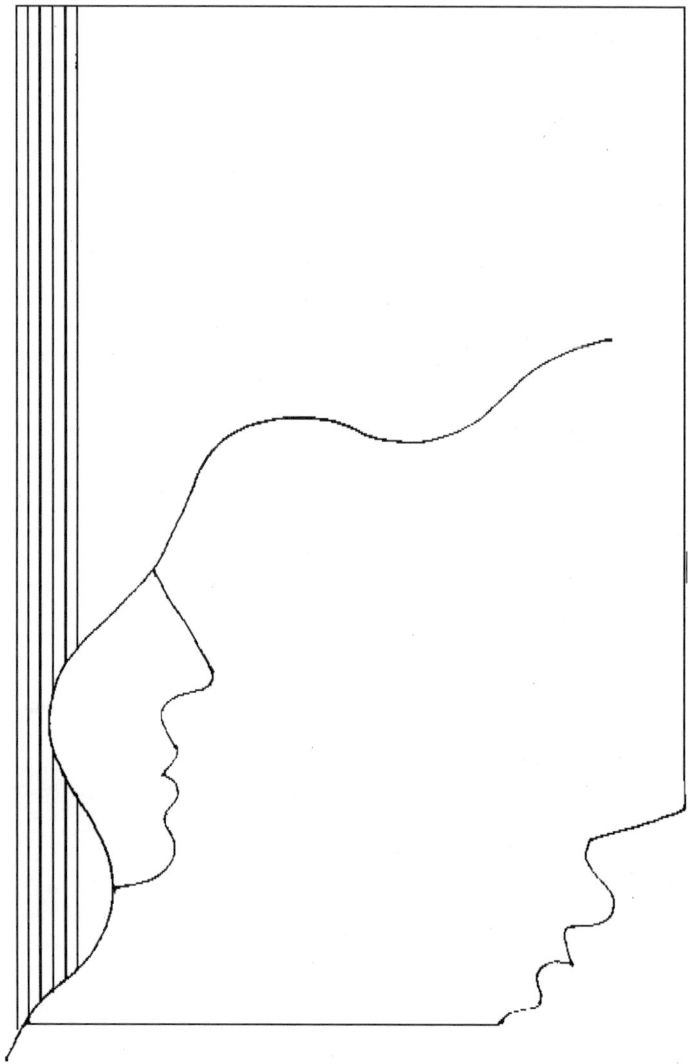

ये कैसा बन्धन

तेरे आने की ख़ुशी से ज़्यादा
तेरे जाने का ग़म तड़पाता है
तू सोचता है कुछ और मगर
कुछ और ही कह जाता है

ये कैसा बन्धन है न टूटता है
न छूटता है, न बनता है, न बिगड़ता है
ये कैसे ख़्वाब हैं, जो मन बिन धागे के बुनता है
कलियों की चाहत में, क्यूँ ख़ार चुनता है

हाथ हैं छलनी, दिल बेज़ार है
आज इस साज़ का टूटा हर तार है।

तक़दीर

हाथों की लकीरों पे भरोसा मत करना
तक़दीरें उनकी भी होती हैं, जिनके हाथ नहीं होते
ग़म की बात उनसे पूछ, जिनके पास बाँटने वाले नहीं होते

रोते वो भी हैं, जो पलकों को आँसुओं से नहीं भिगोते
मोती तो मोती है, क्या दोष उनका गर कोई उन्हें लड़ियों में नहीं पिरोते

हमने तुम्हें चाँद समझ हर रात तेरे बढ़ने का इन्तज़ार किया
तुमने मुराद भी माँगी तो तारा समझ मेरे टूटने का इन्तज़ार किया।

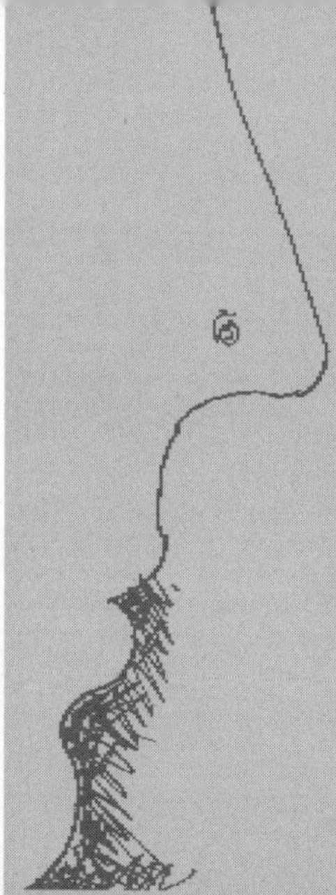

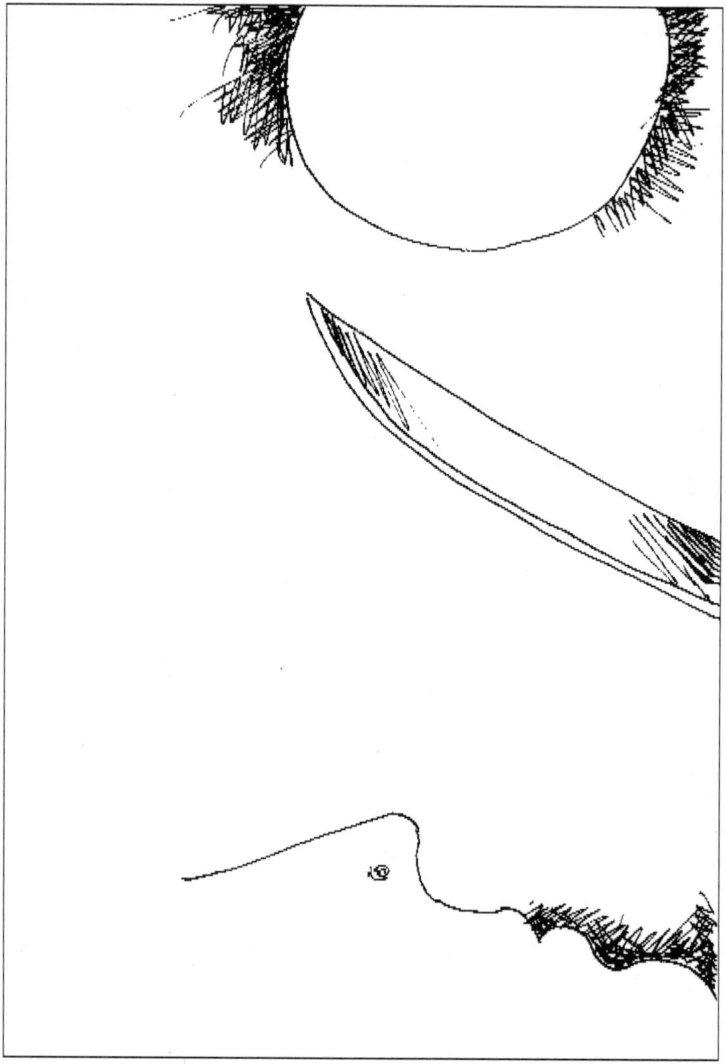

सहमी रात

ये चाँद है, या रात के सीने में कटार
क्यूँ सहती है, रात रोज़ रोज़ ये वार

दमकता रहे चाँद, रात ने ख़ुद को कर लिया काला
कहता है बस, चाँद की हर कहने वाला

क्यूँ दिखाई नहीं देती, रात की स्याही सब को
क्यूँ सुनाई नहीं देती, रात की सिसकी रब को

करते हैं बस चाँदनी की बात
भूल जाते हैं क्या कहती पल पल ये रात

जितनी गहरी काली होगी रात
उतनी ही ज़्यादा होगी चाँद तेरे दमकने की बात।

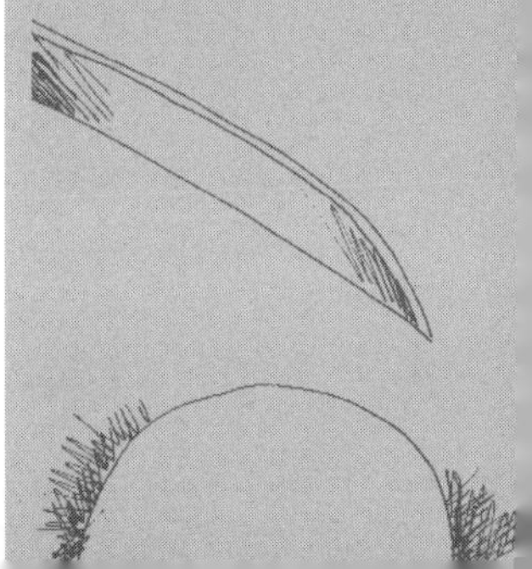

सवालिया निशां

किससे करूँ शिकायत, किससे करूँ गिला
है ये मेरी अपनी ही नादानियों का सिला

आज फिर, एक बार, बन्द मुट्ठी से, रेत की मानिंद फिसल गया कोई
मेरे ज़हन को झिंझोड़ के, निकल गया कोई
रह गया फिर एक, बड़ा सा सवालिया निशां
जो मेरे उजले आसमां को काला कर गया

दो गज़ ज़मीं तो मिल जाएगी मगर उसमें अभी देर है
जीते जी एक कोना न मिले खड़े रहने को
ये तो सच में अँधेर है।

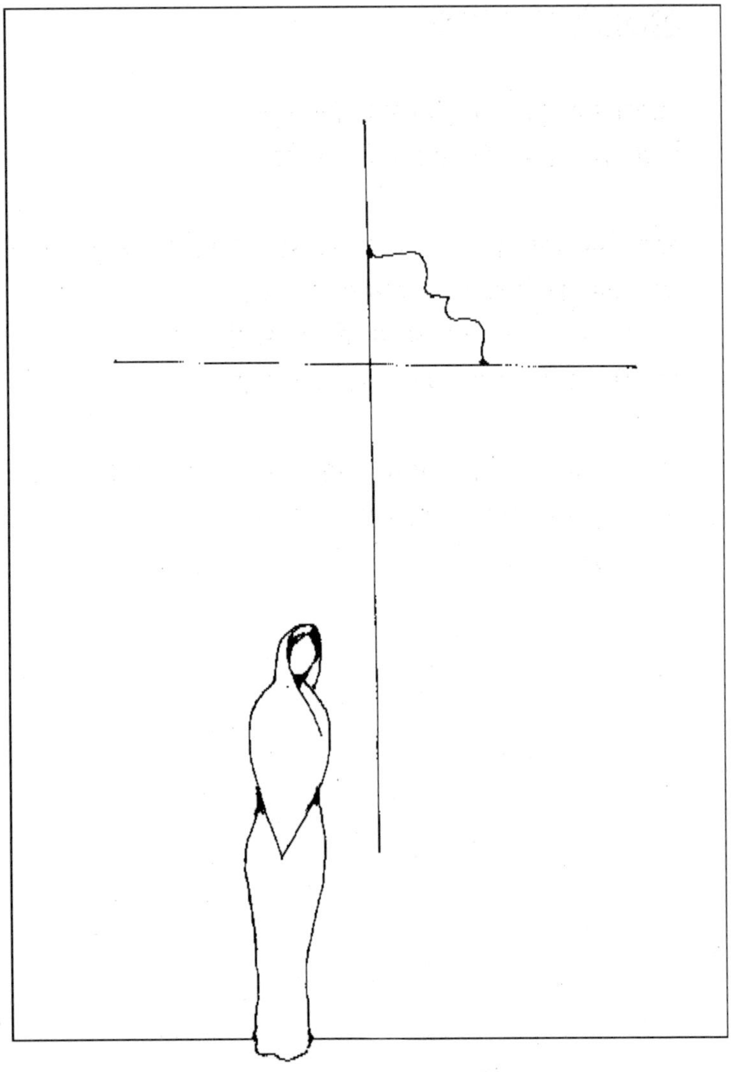

चार पहर

ज़िन्दगी कितने सवाल करती है
शान्त रह सकती है, फिर भी बवाल करती है
ऐसा क्या किया है मैंने, कि इतना शोर है
सब सामने है, पर फिर भी कहते हैं कोई चोर है

मैं कैसे भूली कि चैन पाऊँ पल दो पल, ये मेरा हक़ नहीं
बेचैनी से मेरी सबको मिलता है सुकूँ, इसमें तो कोई शक नहीं

गुज़र गई है बहुत बाक़ी भी गुज़र जाएगी
ज़रूरी तो नहीं हर रात की सहर आएगी
सुनती आई हूँ कि हर रात की सहर होती है
मगर उनका क्या जिनकी ज़िन्दगी सिर्फ़ चार पहर होती है।

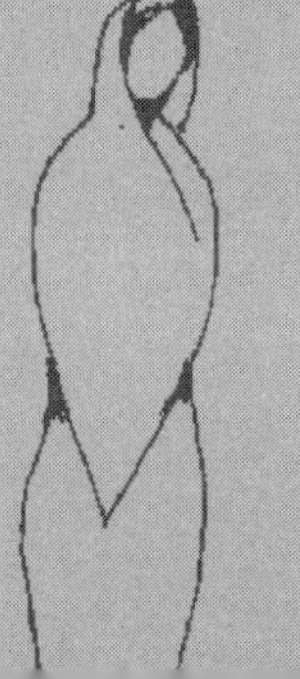

मैं हूँ कौन

मैं कहाँ से आई, मैं हूँ कौन
कोई नहीं बताता, हैं सब के सब मौन
पिछला सब बिसर गया आने वाला बिखर गया
क्या करूँ, क्या होगा, इस सब का फिकर गया

खड़ी हूँ आज मैं सिर्फ़ प्रश्नचिन्ह बन के
कभी छोटा, तो कभी बड़ा प्रतिबिम्ब बन के
मेरा साथ कब तक निभाएगा ये अकेलापन
कब मुझे भी आएगा, जीने का कोई नया फ़न

आज सब शान्त हैं, कि नहीं कोई चाहत
जब दर्द ही नहीं तो मिलेगी क्या राहत।

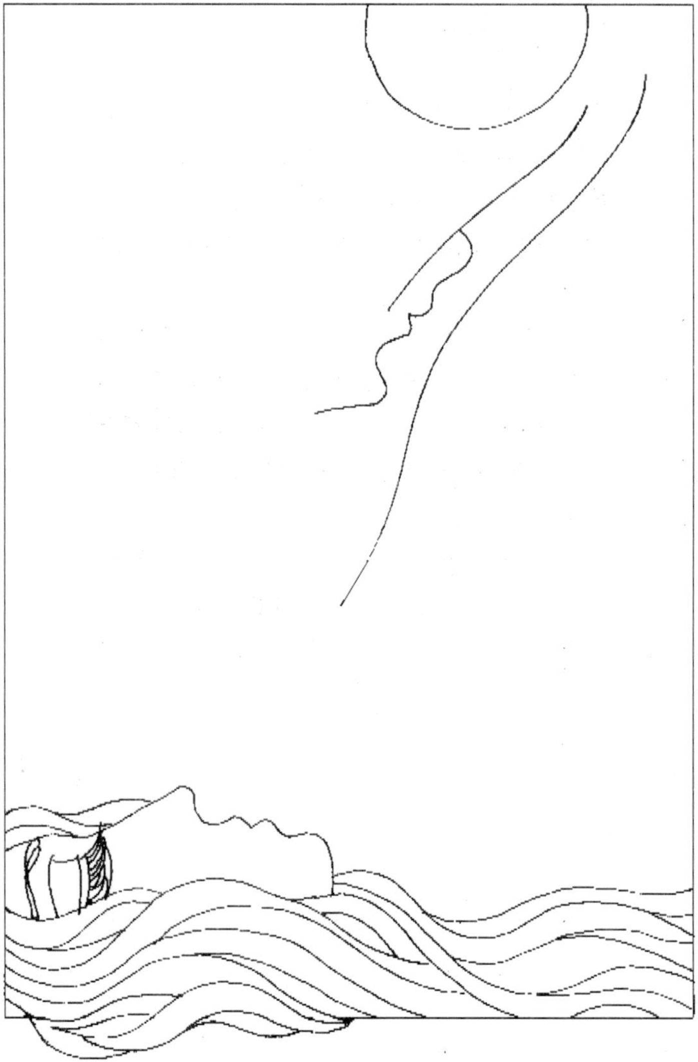

थोड़ी सी वफ़ा

मेरे दिल में क्या रखा है
ख़ुद से दर्द छुपा रखा है
गर चुप रहूँ तो लोग ये बोलें
कैसा ढोंग रचा रखा है
जो बोलूँ तो लोग ये बोलें
ख़ुद को तमाशा बना रखा है
मुझसे मेरी बात न पूछो
अपनों से धोखा खा रखा है

संगदिल तंगदिल से लड़ने वाली
दिल को क्यूँ मोम बना रखा है
इस नगरी के कुछ लोगों ने
ख़ुद का नाम ख़ुदा रखा है
कुछ लोगों की थोड़ी सी वफ़ा ने
मुझको अब तक ज़िन्दा रखा है
भूल भी जा अब गुज़री बातें
इन बातों में क्या रखा है!

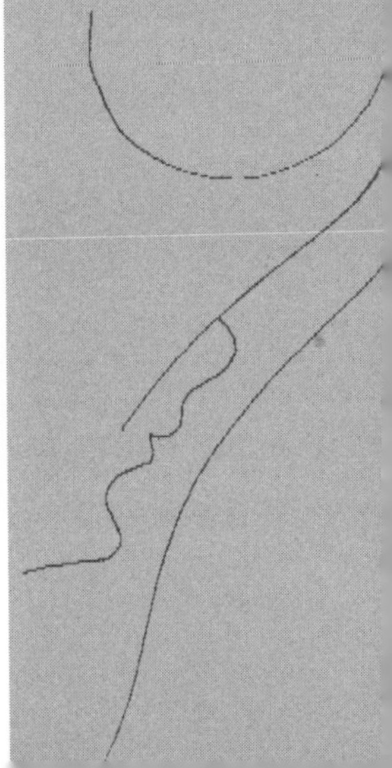

आज भी

मेरे शहर में तो आता जाता है वो
मुझसे मिलने में, एहतियात बरत जाता है वो
उसका यूँ करना बचपन के सावन की याद दिलाता है
सावन का बादल गरजता था मेरे आँगन में, बरसता कहीं और था

मैं अक़्सर अम्मी से पूछा करती
ये बादल गरज के दहलाता है मुझे
मगर बरस के बहलाता है उसे
अम्मी की बेबस आँखें, आज भी याद हैं, शून्य में तकती हुई

अम्मी नहीं रही मैं ख़ुद अम्मी हो गई
मगर आज भी ये सवाल बरकरार है
जवाब जानने के लिए आज भी दिल बेकरार है।

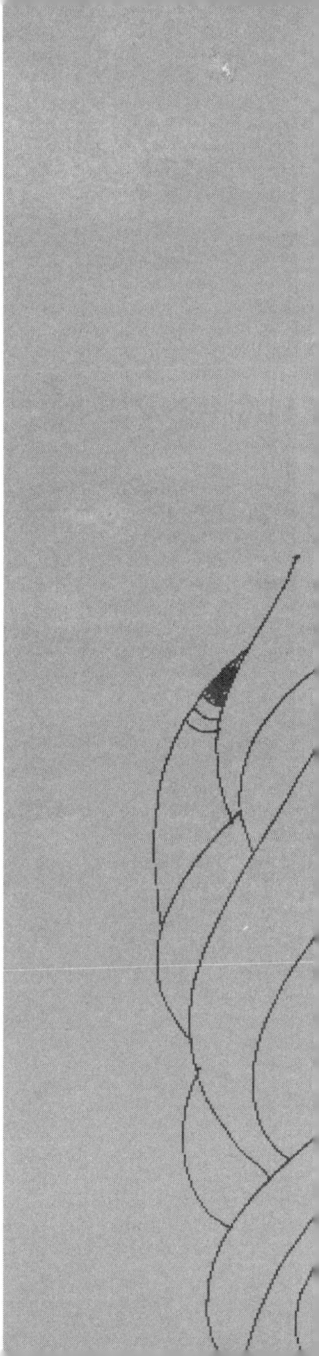

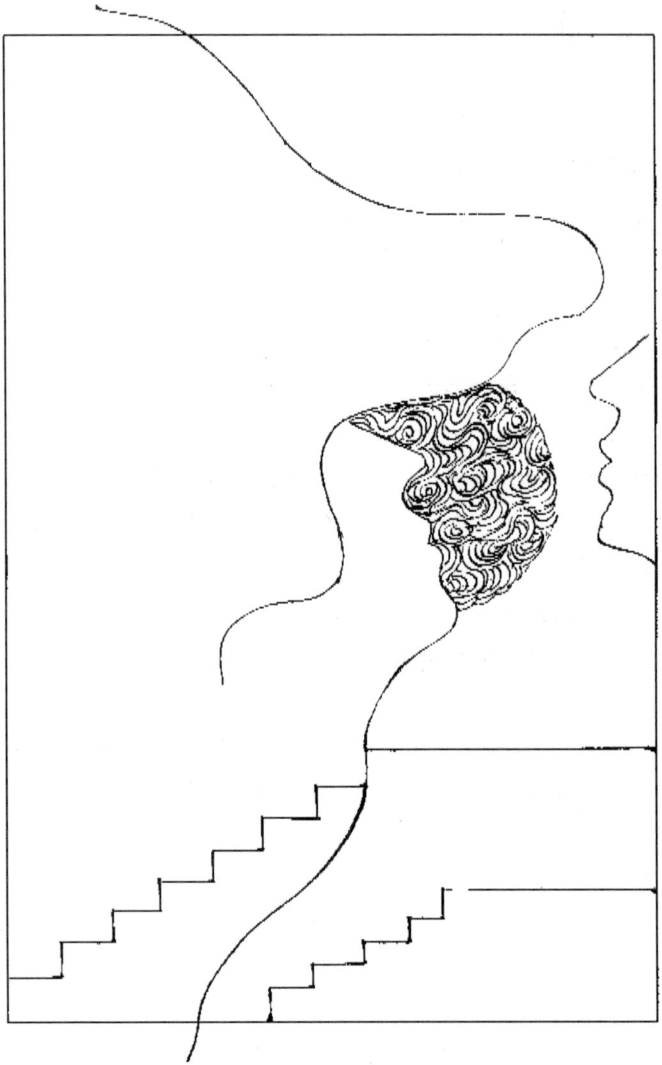

ताल्लुक

ये कैसा मुकाम है
जहाँ उजालों की ख़ुशी
न अँधेरों का ग़म होता है
न ताल्लुक बढ़ता है, न रिश्ता ही कम होता है

दिल में दर्द है पर आँख नम नहीं होती
तुझसे मिलके भी, तन्हाई कम नहीं होती
ज़िन्दगी सीख चली है अब सहने का फ़न
किसी ने छीन लिया हमसे वो अपनापन।

क़हर

सलूक में बदसलूकी लानी पड़ी
लोग हमारे सलीके को, मोहब्बत समझने लगे
हमसे भी कुछ ऐसी ही भूल हुई
चूम ली उसने हमारी पेशानी यूँही
हम झूम उठे सोचा बरसों की दुआ कुबूल हुई

रोज़ नए सपने, नई उमंगें उमड़ने लगीं
कल्पना ऊँची उड़ान उड़ने लगी
हर तरफ़ ख़ुशी का आलम था, लगने लगा
मुकम्मल जहां हमारा, शहर ख़ूबसूरत से
और ख़ूबसूरत लगने लगा
शहर अब असली मानो में बसने लगा

न जाने किसकी लगी नज़र या बद्दुआ
वो सब हुआ जो आज तक कभी न था हुआ
इबादत की थी जिसकी मैंने चारों पहर
वही टूटा मुझपे आज बन के क़हर।

सुलगता रिश्ता

कहाँ लिखा था क़िस्मत में मिलना, यूँ भी बार बार
क्यूँ किया तुमने इन चन्द मुलाक़ातों का इतना तिरस्कार
क्या मिला आवाज़ को इतना बुलन्द करके
पहले से धीमी धड़कनों को और भी मन्द करके
या तो हौसला करते, जला के सब ख़ाक कर देते

कहाँ ले जाऊँ, क्या करूँ इस सुलगते से रिश्ते का
जो न पहले की तरह रौशन है, न बुझ के धुआँ होता है
आँख में आँसू नहीं दिल हर वक़्त रोता है
न छुपाए से छुपता है ये दर्द न खुल के बयां होता है

क्या कहूँ दुनिया से क्या था और अब क्या होता है
क्या दिल के रिश्तों का ऐसा भी हश्र होता है।

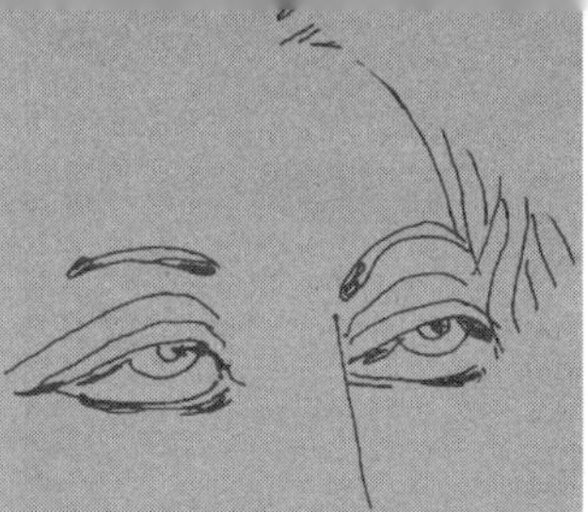

आज जाना

बासलूक लोग हैं, हर आने वाले को कहते हैं, ये घर तुम्हारा है
हमने तो सच मान लिया, बस यही भूल हुई
जिन्हें मैंने समझा उनके प्यार से मिली मेरी ताक़त
आज जाना वो उनकी नज़र में थी मेरी हिमाकत

ऐ ख़ुदाया रहम कर, कि अब और सहा नहीं जाता
ये सच है कि बिन उनके भी रहा नहीं जाता
गुज़र होता है उस गली से मगर कहता है कोई

इधर भूल के भी मत आना
ऐसे जीने से तो बेहतर न होगा मर जाना।

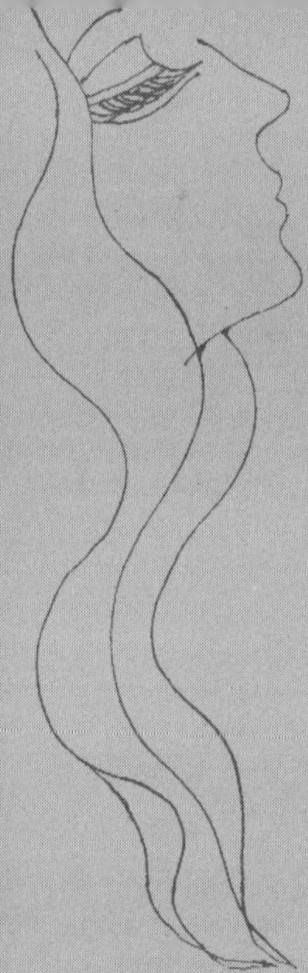

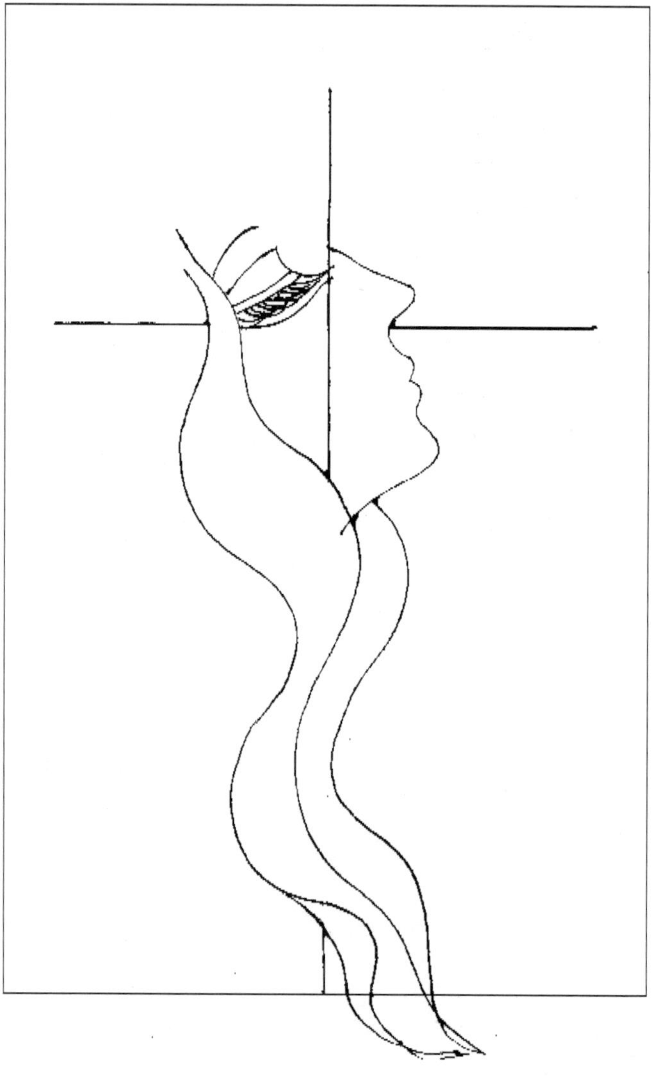

सलीब

न जाने, किसका दिया दर्द है
इन आँखों से बहता है
न जाने, कौन से गुनाह की सज़ा
ये दिल हरदम सहता है

यूँ तो दिन भर बात करता है इन्सां
कब कब वो अपने दिल की बात कहता है
चाहूँ गर कहना भी तो
देता है, मोहलत कब ये रब
जो कभी नहीं आते, बरसों बरस
वो भी आ जाते हैं, सब के सब तब।

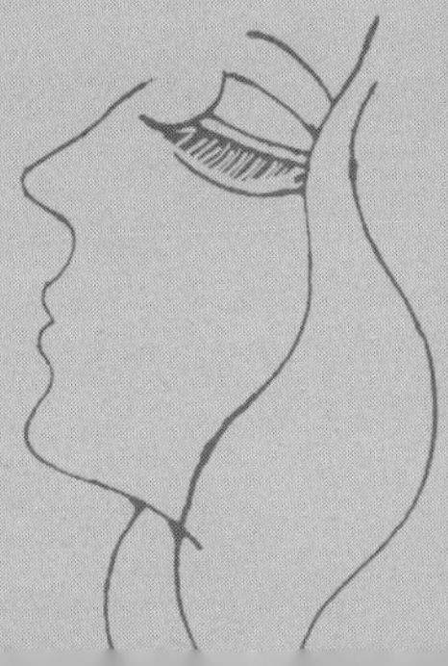

ग़म यही है

सुना है अपनों में तर्क होता है
तर्क तर्क में भी तो फ़र्क होता है
आपने कहा हमने सुना
तोड़ा वो ख़्वाब जो बरसों से था बुना

ग़म यही है कि ये तर्क अजीब था
औरों की और जानें तू तो क़रीब था
समझती हूँ अपनों का अपनों से तर्क होता है
सहा नहीं जाता जब सफ़ीना साहिल पे गर्क होता है।

सफ़ीना

कहते हैं सफ़ीना साहिल पे महफ़ूज़ होता है
पर लहरों पे रहना ही उसका नसीब होता है
हर सफ़ीना बार बार, साहिल पे आने की तमन्ना रखता है
क्या नसीब लाया है वो सफ़ीना, जो साहिल पे जाने से डरता है

आज सफ़ीना साहिल पे भारी हो गया
लो तबाही का फरमान जारी हो गया
दुआ करो ख़ाली सफ़ीना भँवर में डूब जाए
साहिल पे नहीं तो समुद्र की तह में पनाह पाए।

●●●